SURAT-SURAT PENGGEMBALAAN

Mata Kuliah Teologi Praktika

Oleh

Dr. Christopher Palmer

WIPF & STOCK · Eugene, Oregon

Wipf and Stock Publishers
199 W 8th Ave, Suite 3
Eugene, OR 97401

Surat-Surat Penggembalaan
Mata Kuliah Teologi Praktika
By Palmer, Christopher
Copyright©2016 Apostolos
ISBN 13: 978-1-5326-6974-3
Publication date 9/23/2018
Previously published by Apostolos, 2016

Mata Kuliah Teologi Praktika

Garisbesar Perkuliahan: Surat-surat Pastoral

Dr. Chris Palmer OMS UK

Deskripsi

Perkuliahan ini merupakan studi dari 3 surat dalam Perjanjian Baru yang secara tradisi diterima sebagai tulisan rasul Paulus dan dikenal sebagai 'Surat-surat Pastoral/Penggembalaan; ketiganya adalah 1 dan 2 Timotius dan Titus. Tujuan umum dari perkuliahan ini adalah supaya para mahasiswa menyadari isu-isu seputar penulisan, tanggal penulisan dan tujuan penulisan dari ketiga surat tersebut dan mengarahkan mereka pada diskusi mengenai prinsip-prinsip teologi gereja mula-mula, praktek serta organisasi gereja sebagaimana dijelaskan oleh ketiga surat.

Perhatian khusus akan diberikan pada elemen-elemen praktis dan peraturan gerejawi yang dijelaskan dengan tujuan supaya diterapkan di gereja abad ke-21 ini. Tujuan utama dari perkuliahan ini adalah untuk memperlengkapi mahasiswa dengan pengetahuan yang lebih luas tentang tanggungjawab para pelayan Kristen ketika mereka memimpin gereja Tuhan. Perkuliahan ini disampaikan bentuk ceramah dan seminar-seminar yang ditujukan terutama bagi sekolah-sekolah Alkitab yang bekerjasama dengan OMS.

Garisbesar

Day 1	Pendahuluan "Surat-surat Pastoral/Penggembalaan' : penulis, tanggal penulisan, penerima, tujuan, teologi utama
Day 2	1 Timotius: Pelayanan gereja lokal; fokus pada kepemimpinan
Day 3	Titus: Harapan akan Injil; pesan-pesan pokok bagi gereja
Day 4	2 Timotius: Kata-kata terakhir Paulus; mempertahankan iman pada masa-masa yang berat
Day 5	Teologi Kesatuan? Mahasiswa menyeminarkan teologi Surat-surat Penggembalaan

Penilaian

Penilaian perkuliahan didasarkan pada hasil presentasi kelas, paper dan proyek riset. Mahasiswa wajib mengumpulkan paper dengan judul:

Pendekatan Surat-surat Penggembalaan mengenai salah satu isu-isu teologi: Kristologi; Pneumatologi; Kepemimpinan Gereja; Kehidupan Kristen; Misi atau Otoritas Kitab Suci.

Mahasiswa juga wajib membuat proyek riset tentang situasi atau isu-isu pemuridan yang dihadapi oleh gereja asal mereka masing-masing.

Mengkonstruksi garisbesar pelatihan pemuridan untuk diterapkan di gereja lokal. Selidikilah:

1. Arti pemuridan
2. Pentingnya pemuridan
3. Elemen-elemen pemuridan sejati
4. Garisbesar sederhana tentang bidang-bidang yang akan saudara ajarkan disesuaikan dengan seting/keadaan gereja.

Proyek Kelas

Pada hari terakhir dari perkuliahan ini, akan dilangsungkan seminar-seminar yang dipimpin oleh mahasiswa dimana mereka akan mempresentasikan penemuan mereka tentang tema-tema utama teologi Surat-surat Pastoral. Kelas akan dibagi kedalam beberapa kelompok dan masing-masing kelompok akan diberi tema teologi tertentu untuk diselidiki. Harap memakai minggu ini untuk mempelajari surat-surat tersebut dan tiap kelompok akan melaporkan dalam bentuk catatan tertulis kepada semua anggota kelas pada hari terakhir. Sangat penting untuk menyelidiki bagaimana keterkaitan ajaran-ajaran yang terdapat dalam Surat-surat Penggembalaan dengan surat-surat Perjanjian Baru lainnya.

Grup 1	Keselamatan dan Kristologi	1 Tim 1:15; 2:4-6; 2 Tim 1:9-10; 2:8-13; Titus 2:11-14; 3:4-7 Kristologi: 1 Tim 6:14; 2 Tim 1:10; 4:1,8; Titus 2:11, 13; 3:4
Grup 2	Injil dan Misi	1 Tim 1:10; 2 Tim 4:3; Titus 1:9; 2 Tim 2:15, 18; 1 Tim 2:1-7; 2:5-6; Titus 1:1-3; 1 Tim 3:7; 5:14; 6:1; Titus 2:5, 9; 3:2, 8.
Grup 3	Roh Kudus	1 Tim 3:16; 4:1; 2 Tim 1:7, 14; Titus 3:5
Grup 4	Kepemimpinan Gereja	1 Tim 3:15; 1:4; 3:4-5; Titus 1:7; 2:2-3:2; 2 Tim 1:8; 2:3; 4:5; 1 Tim 4:6-16; 6:12-14; 2 Tim 1:6-14; 3:10-17; 4:1-5
Grup 5	Otoritas Alkitab	2 Tim 3:16; 4:4; 1 Tim 5:18-19; 2 Tim 2:19, 1 Tim 2:8, Titus 2:14
Grup 6	Tindakan Pribadi	1 Tim 2:2, 9; 4:12-16; 6:6-11; 2 Tim 1:5; 2 Tim 2:2-6, 21-26; Titus 2:11-14

Susunan proyek:

1. Pendahuluan: Apa judul proyek atau subyek saudara?
2. Definisikan subyek saudara
3. Selidikilah teks Surat-surat Pastoral berkaitan dengan subyek saudara
4. Carilah referensi/teks lain yang berbicara tentang subyek saudara
5. Kesimpulan: mengapa subyek ini penting, apa yang dapat kita pelajari bagi kehidupan kita sekarang ini?

Daftar Isi

Surat-surat Pastoral: Pendahuluan

Awasilah dirimu sendiri dan awasilah ajaranmu. Bertekunlah dalam semuanya itu, karena dengan berbuat demikian engkau akan menyelamatkan dirimu dan semua orang yang mendengar engkau. (1 Tim 4:16)

Ayat ini dikenal sebagai ayat kunci untuk memahami tiga surat yang secara tradisional disebut sebagai Surat-surat Penggembalaan: 1 dan 2 Timotius dan Titus; ketiganya menyatakan maksud penulis bagi para pembacanya untuk berkonsentrasi kepada pengejaran pribadi akan keselamatan melalui Injil dan mengajarkannya kepada orang lainnya.

Latihan: Bacalah Masmur 23 dan pikirkan tugas dari gembala; tugas-tugas dan tanggung-jawab utamanya. Diskusikan bagaimana penggambaran yang berbeda ini harus diekspresikan dalam pelayanan penggembalaan.

Supaya gereja bertumbuh kita harus memahami beberapa pandangan alkitab dan struktur gerejawi, pemerintahan dan tujuan gereja; beberapa informasi yang jelas mengenai hal-hal tersebut dapat ditemukan dalam Surat Penggembalaan. 2 Timotius 3:16-17 menjadi alasan kuat bagi kita untuk mempertahankan prinsip-prinsip alkitabiah. Namun bagaimanapun juga kita tidak boleh memperlakukan surat-surat pastoral tersebut sebagai manual/petunjuk untuk tindakan-tindakan praktis mengingat tidak banyak instruksi berkenaan dengan masalah administrasi dan ibadah; melainkan menitikberatkan pada ajaran tentang kepemimpinan yang alkitabiah dan pentingnya mendasarkan iman dan hal-hal praktis gerejawi pada Firman Tuhan.

Banyak pertanyaan muncul berkaitan dengan penulisan, tanggal penulisan, penerima dan tujuan dari surat-surat ini; namun demikian jelas bahwa ada beberapa tema dari ketiga dokumen surat ini yang saling terhubung, diantaranya:

1. Perbuatan pribadi orang Kristen
2. Kepemimpinan dan disiplin gerejawi
3. Pentingnya doktrin yang benar dan otoritas kitab suci
4. Kristologi dan soteriology
5. Misi
6. Roh Kudus

Pertanyaan: Mengapa isu-isu tersebut diatas sangat esensial pada abad ke-21 ini?

Tujuan dari perkuliahan ini adalah untuk memeriksa tiap-tiap surat secara sendiri-sendiri sebagai literature yang sangat penting dalam pelaksanaan gereja lokal pada abad ke-1; dan untuk menegaskan prinsip-prinsip yang harus diambil oleh gereja abad 21 ini. Di dalam Surat Pastoral ini kita mendapati 3 area utama yang menjadi perhatian Paulus:

1. Dalam 1 Timotius: Pelayanan Gereja Lokal (1 Tim 2:4)
2. Dalam 2 Timotius: Kata-kata Terakhir Paulus bagi Gereja (2 Tim 4:6)
3. Dalam Titus: Pengharapan akan Injil (Titus 2:13)

Pastoral: Makna apakah yang terkandung dalam nama ini?

Surat-surat Pastoral:

Dalam maksud apakah ketiga surat ini disebut sebagai 'pastoral'?

Penamaan ini pertama kali diperkenalkan oleh D.N. Berdot pada tahun 1703 dan kemudian dipopulerkan oleh Paul Anton sejak tahun 1726.

Bagaimanapun, sangat penting untuk dicatat bahwa surat-surat ini bukanlah buku pegangan untuk teologi penggembalaan, jadi dengan demikian penamaan ini secara sederhana membiarkan mahasiswa membedakan kelompok ini dari surat-surat Perjanjian Baru yang lainnya. Kelompok literatur Perjanjian Baru yang lainnya adalah: Injil, Surat-surat Penjara, Surat-surat Umum, dll.

Lebih tepat lagi untuk melebeli ketiga surat ini sebagai 'Surat Pribadi' dan memasukkan Filemon ke dalamnya mengingat surat-surat tersebut secara khusus ditulis dan dialamatkan kepada pribadi-pribadi dan bukan kepada gereja secara umum atau jemaat lokal tertetu (sebagaimana surat Efesus).

Namun demikian demi tujuan perkuliahan ini kita akan membatasi perhatian kita hanya pada tiga surat yang secara tradisional diterima sebagai Surat Pastoral (SP).

Dalam arti bagaimanakah ketiga surat ini dikenal sebagai surat penggembalaan/pastoral?

1. Surat-surat tersebut dialamatkan kepada gembala-gembala baru, yaitu Timotius dan Titus, saat mereka ditempatkan dalam pelayanan penggembalaan, sebagai seorang muda yang tak berpengalaman namun mempunyai tanggung-jawab yang besar (1 Tim 3:15 dan Titus 1:5).

2. Surat-surat tersebut ditulis oleh seorang gembala yang sangat berpengalaman, yaitu Paulus, di saat-saat terakhir hidupnya, seseorang yang menjalankan tugas penggembalaannya dengan sangat serius, yang memandang pelayanannya dan mendaftarkan berkat-berkat dan kesulitan-kesulitan dalam hidup (perhatikan bagaimana ia menyebut Timotius dan Titus sebagai 'anakku yang sah' dalam 1 Tim 1:2 dan Titus 1:4, hal itu menyatakan bentuk perhatian penggembalaannya kepada para petobat).

Gereja diikutsertakan dalam perkara yang sangat besar; dan jika kita merindukan melihat gereja bergerak maju maka kita harus serius mengenai pemahaman akan Firman Tuhan. Implikasi dari Firman Tuhan bagi mereka yang dipercaya untuk memperdulikan hal-hal rohani orang-orang percaya yang ada di gereja lokal adalah hal yang terpenting. Nabi Perjanjian Lama yaitu Ezekiel mencatat beberapa kata yang tajam berkenaan dengan pandangan Allah mengenai para pemimpin umat; Ezekiel 34 berbicara tentang perigatan betapa seriusnya peranan para pemimpin dan juga tentang berkat jika mereka melaksanakannya sesuai dengan yang diperintahkan Allah. Tujuan utama gereja adalah mempersiapkan umat untuk menggenapi Titus 2:13 – 'memandang kepada harapan yang penuh berkat'. Jika itu menjadi tujuan, kerinduan dan pengerahan usaha kita juga, maka kehidupan gereja akan bergerak lancar – namun sayangnya kita memperumit hal tersebut dengan perbedaan-perbedaan ide pribadi yang kecil-kecil dan picik.

PERTANYAAN

1. Bagaimana saudara mendefinisikan kata 'pastoral'?
2. Menurut saudara apa yang perlu dipelajari oleh seseorang untuk memahami dasar-dasar pelayanan pastoral/penggembalaan?
3. Kepada siapakah saudara meminta saran dan dukungan dalam pelayanan?

Pelajaran:

Surat-surat Pastoral berisi tentang pelajaran-pelajaran yang sangat penting bagi mahasiswa. Juga merupakan praktek yang baik untuk gembala/pemimpin untuk membaca surat-surat ini secara teratur sebagaimana surat-surat ini berisi informasi, tuntunan, dan nasehat yang sangat bermanfaat bagi pelayanan gereja lokal.

1. Surat-surat ini menyediakan pemikiran-pemikiran mengenai pelaksanaan aspek-aspek dari gereja mula-mula.
2. Surat-surat ini memberi informasi tentang kepedulian umat di gereja.
3. Surat-surat ini memberi poin-poin tentang aturan gereja.
4. Surat-surat ini mengatur peranan dan kualitas dari pemimpin sejati.
5. Surat-surat ini meninggikan Tuhan sebagai yang tertinggi.

Ketika kita melanjutkan perkuliahan ini, prinsip-prinsip penting akan menjadi obyek dari penyelidikan dan diskusi kita.

Satu aspek yang jelas dari tiap-tiap surat ini adalah mengenai situasi gerejawi pada masa itu; ada banyak tekanan dari pengajar-pengajar sesat khususnya mereka yang mendukung cikal bakal gnostisisme, asketisme dan Judaizer. Kita akan melihat secara lebih dalam pada bagian berikutnya.

PERTANYAAN: Masalah-masalah apa yang saudara hadapi pada masa depan pelayanan saudara di abad ke-21 ini?

Aplikasi dari pengetahuan yang alkitabiah yang diperoleh merupakan kunci untuk pembelajaran teologia yang baik; semua pengetahuan tidak akan berguna sebelum pengetahuan itu dipraktekkan dalam konteks tertentu. Sebagaimana saudara membaca Surat Pastoral ini yakinkan diri saudara untuk mengaplikasikan pengetahuan yang saudara peroleh dalam situasi kehidupan pribadi dan pelayanan.

PENULIS, TANGGAL PENULISAN DAN TUJUAN

Mengapa menulis surat? Ada berbagai jawaban untuk pertanyaan ini; seseorang mungkin berharap untuk menyampaikan salam kepada seorang teman, menyampaikan informasi, berita atau nasehat-nasehat. Studi akan surat pastoral ini akan menyoroti para penulisnya dan tujuan-tujuan mereka dan apa yang mereka pikirkan ketika menulis surat-surat ini. Secara tradisi surat pastoral dihubungkan dengan rasul Paulus dan dapat dipandang sebagai ekspresi isi hati Paulus bagi gereja dan secara khusus dua pribadi yang mengikutnya dalam hidup dan pelayanannya. Namun demikian tetap ada tantangan-tantangan terhadap hipotesis tradisional ini dan banyak keraguan muncul dari usaha-usaha untuk mencocokkan surat pastoral ini ke dalam kerangka kerja Kisah Para Rasul. Jawaban-jawaban yang memungkinkan untuk masalah diatas adalah sebagai berikut:

1. Mungkin sekali bahwa penulisnya, yaitu rasul Paulus, menulis surat-surat ini dengan tujuan untuk meneruskan pemikiran-pemikiran dan nasehat-nasehatnya kepada dua gembala muda pada sekitar tahun 63-65 M. Ada

juga kemungkinan bahwa Paulus menulis surat-surat ini dari Roma saat ia berada di penjara sebagaimana dicatat di bagian akhir Kisah Para Rasul (Kis 28). Tetapi mengingat tidak adanya referensi untuk beberapa detail dari surat-surat pastoral ini di dalam Kisah Para Rasul, ada kemungkinan lainnya – yaitu bahwa Paulus dibebaskan dari penawanan di Roma tahun 65 M sebelum perjalanannya ke Spanyol dan kemudian ditawan lagi pada sekitar tahun 67 M, yang mana pada saat itu ia menulis 2 Timotius sebelum ia mati sebagai martir pada tahun 68 M. Garis waktu yang memungkinkan tentang tahun-tahun terakhir kehidupan Paulus dapat dijelaskan sebagai berikut:

58 M	Paulus ditangkap di Yerusalem
61-63 M	Ini adalah periode penawanan pertama Paulus di Roma
64 M	Paulus dibebaskan; melakukan perjalanan ke Spanyol dan pulau Kreta
64-67 M	Paulus menulis 1 Timotius dan Titus dari Makedonia
67 M	Paulus menulis 2 Timotius dari Roma setelah ia ditawan kembali
68 M	Paulus dieksekusi oleh karena imannya

Jika hanya ada satu kali penawanan di Roma maka penanggalan tersebut diatas perlu ditinjau kembali supaya sesuai dengan narasi Kisah Para Rasul; dan dengan semua tulisan-tulisan Paulus yang lainnya selama periode yang tercatat dalam Kisah Para Rasul 28.

2. Ada teori fiksi yang menyatakan bahwa surat-surat tersebut ditulis oleh penulis samaran yang sekedar mengarang isinya dan memakai nama Paulus supaya meyakinkan.
3. Ada teori fragmen yang menyatakan bahwa ada seorang penulis lain yang menggunakan potongan-potongan atau fragmen-fragmen dari tulisan-tulisan Paulus (yang sebelumnya tidak dipublikasikan) dan menyebarluaskannya memakai bahasanya sendiri sehingga surat-surat itu menjadi dokumen yang utuh. Menurut teori ini, fragmen-fragmen dianggap asli sebagai tulisan-tulisan Paulus: Titus 3:12-15; 2 Tim 4:9-15; 20-21a dan 22b; 2 Tim 1:16-18, 3:10-11, 4:1, 2a, 5b-8, 16-19, dan 21b-22a. Namun teori ini menimbulkan keraguan-keraguan tertentu, khususnya karena 2 Timotius adalah surat yang sangat bersifat pribadi, yang mengarah kepada anggota keluarga Paulus sendiri. Lebih lanjut, bagian-bagian tersebut merupakan fragmen-fragmen yang acak yang memiliki hubungan sangat dangkal satu dengan yang lainnya; akan terasa sangat aneh bagi seseorang untuk tetap mempertahankan fragmen-fragmen tersebut. Teori itu juga mengira kalau Kisah Para Rasul menyediakan sejarah pelayanan Paulus yang lengkap.
4. Ada teori Amanuensis yang menyatakan bahwa Paulus mempekerjakan seorang sekretaris untuk menulis surat-surat ini, sebuah fakta yang menjelaskan berbagai gaya bahasa diantara surat-surat ini.

5. Juga dianjurkan bahwa Timotius dan Titus berkemungkinan menulis surat-surat ini berdasarkan ingatan mereka mengenai pengajaran-pengajaran verbal Paulus dan mengalamatkannya kepada diri mereka sendiri untuk meyakinkan pelayanan mereka masing-masing.

Keberatan-keberatan lain mengenai Paulus sebagai penulis

1. Telah diusulkan bahwa situasi gerejawi yang digambarkan di dalam Surat Pastoral terlalu dini untuk masa Paulus dan merefleksikan standar abad ke-2. Namun hal ini tidak sepenuhnya benar mengingat Paulus telah melakukan berbagai usaha untuk memulai sebuah kerangka bagi kepemimpinan gereja sebelum akhir hidupnya.
2. Sebuah usul dibuat yaitu bahwa Paulus tidak memiliki ketertarikan terhadap pemeritahan gereja, tetapi hal ini juga perlu dibuang mengingat kita bisa melihat dari surat-surat lain dan dari Kisah Para Rasul bahwa Paulus memiliki ketertarikan terhadap kepemimpinan di gereja.
3. Keberatan ini dibuat oleh karena tidak ada tradisi teologis yang sesuai yang disebarluaskan semasa hidup Paulus, jadi mengapa harus mempermasalahkan organisasi gerejawi? Namun bagaimanapun jelas bahwa Paulus dan rasul-rasul lainnya telah berjuang keras untuk menata kerangka bagi tradisi yang teologis (Kisah Para rasul 15).

Secara keseluruhan tidak ada yang mengurangi pandangan tradisional bahwa Paulus adalah penulis dari surat-surat ini:

1. Ada sistem mengajar yang jelas dibawah aturan yang harus diikuti oleh gereja, yang terbukti asli dari sisi kerasulan (Lihat Kis 15).
2. Hal ini telah dikomunikasikan kepada para pemimpin gereja oleh para rasul dan perwakilan mereka.
3. Pentahbisan para pemimpin gereja telah ditetapkan.
4. Telah ada sistem yang berkembang mengenai pemerintahan gereja.
5. Paulus dan rasul-rasul lainnya adalah para arsitek gerejawi, yang telah meletakkan fondasi bagi pembangunan kedepannya.

Ketika kita masuk lebih lanjut dalam perkuliahan ini akan menjadi lebih jelas bahwa ada materi yang luar biasa di dalam surat-surat pribadi ini yang mengindikasikan Paulus sebagai penulisnya; secara khusus sangat penting untuk dibaca adalah Kisah Para Rasul pasal 20 dan surat kepada jemaat Efesus menyambung surat-surat pastoral, mengingat hal tersebut berkaitan dengan situasi lokal yang dihadapi oleh Timotius sebagai gembala di gereja Efesus. Sayangnya kita tidak mempunyai pengetahuan tentang permulaan gereja di Kreta; narasi Kisah Para Rasul menyebutkan kunjungan singkat Paulus sebagai seorang tahanan di dalam Kisah Para Rasul 27, dalam perjalannya kembali ke Roma. Namun tidak ada petunjuk bahwa pada masa itu Paulus menanam sebuah gereja; bisa diusulkan bahwa itu terjadi ketika Titus ditinggalkan untuk memulai sebuah gereja. Kemungkinan yang lain adalah bahwa ada periode waktu menyusul Kisah Para Rasul 28, yang tidak dicatat oleh Lukas, yang mana pada waktu itu Paulus sedang berlayar ke Spanyol dan kemungkinan kembali ke Yerusalem melewati Kreta dan dengan demikian terbangunlah gereja di sana dan Titus kemudian ditinggalkan untuk melanjutkannya. Tak lama Paulus kembali ditangkap dan dikirim ke Roma dimana ia mati secara martir di sana. Banyak ajaran-ajaran Paulus yang diberikan kepada Timotius dan Titus yang bersifat pribadi-untuk sang gembala pribadi- sedangkan Kisah Para Rasul 20 dan Efesus ditujukan kepada gereja. Ini seharusnya membuat para pembaca memahami perbedaan antara surat-surat pastoral dengan surat-surat yang lainnya, karena bersifat pribadi maka surat-surat tersebut harus dipahami secara berbeda dari surat-surat umum lainnya.

Bidat

Ada perhatian besar di dalam keseluruhan aspek pemahaman akan tujuan Surat Pastoral, yaitu masalah bidah di dalam cikal bakal komunitas Kristen.

Apakah Bidat itu? Kata Yunani 'hairesis' berarti 'sebuah pilihan' dan di dalam Perjanjian Baru kata ini memiliki 3 arti umum:

1. Pendapat atau ajaran yang dianut oleh seseorang, sebagaimana terlihat dalam pemikiran sebuah sekte atau partai (Kis 5:17, 15:5, 26:5).
2. Perselisihan-perselisihan yang muncul dari berbagai opini/golongan dan perbedaan-perbedaan lainnya (Gal 5:20; 1 Kor 11:19)
3. Permulaan dari kebenaran doktrinal (Titus 3:10; 2 Pet 2:1; Kis 20:29; Fil 3:2)

Selama periode kerasulan, 3 bidat utama mulai muncul dan nampaknya Paulus menyinggung bentuk awal dari bidat-bidat ini di dalam beberapa surat-suratnya. Itu terlihat di dalam Surat Pastoral.

1. Judaizer: Guru-guru Judaizer menuntut kesatuan antara kekristenan dan Yudaisme; Injil hanya sekedar hokum yang disempurnakan dan Yesus hanya seorag nbi. Guru-guru ini ppercaya bahwa sunat adalah pentig sebagai ketaatan religi.
2. Gnostik: Guru-guru ini mengusulkan pandangan tentang Kristus Doketis, yang menolak inkarnasi. Pandangan ini menyatakan bahwa tubuh Kristus tidak nyata tetapi hanya penampakan. Kata Yunani 'Dokein' kelihatan seolah nyata. Oleh karena itu penderitaan Kristus di kayu salib hanyalah penampakan atau Mesias tidak mungkin menderita terpisah dari pribadi yang adalah penampakannya. Jika ketuhanan dan kemanusiaan terpisah maka inkarnasi dianggap tidak relevan dan tidak perlu oleh karena pusat dari iman Kristen diruntuhkan. Sejak mereka memandang segala hal sebagai dilekati dosa mereka percaya bahwa Allah tidak mungkin mendiami tubuh manusia yang berdosa. Guru-guru ini juga mempraktekkan bentuk yang kaku dari asketisme yang melarang pernikahan dan memakan makanan-makanan tertentu. Dalam perkembangannya kemudian Gnostisime membangun keyakinan bahwa kebenaran dapat bebas dari dunia yang jahat hanya mungkin melalui penerimaan pengetahuan yang khusus (Yunani 'gnosis').

3. Sinkretisme merupakan peleburan antara agama Yahudi dan filsafat kafir (Yunani) yang mengarahkan kepada penerimaan praktek-praktek pagan (non Yahudi).

Isu dasar yang sama dari semua bidat tersebut adalah penyangkalan terhadap inkarnasi Kristus, yang membawa kepada pemikiran mengenai keberadaannya baik Ia sekedar manusia biasa atau figur manusia super. Paulus menulis tentang semua masalah tersebut dalam Surat Pastoral.

➢	1 Tim 1:3-7	doktrin yang salah mengenai legenda-legenda Yahudi
➢	1 Tim 1: 19-20	'karamnya iman mereka'
➢	2 Tim 2:17	'melenceng dari kebenaran' memperhatikan kebangkitan
➢	1 Tim 4:1-5	doktrin tentang Iblis, makanan dan selibat (Lihat juga Kol 2:16-22; Rom 14)
➢	1 Tim 6:3-5, 20	kontroversi, Pertentangan, dan ocehan-ocehan yang tidak saleh
➢	2 Tim 2:14	kontroversi_kontroversi yang tidak relevan
➢	2 Tim 3:5	bentuk-bentuk kesalehan
➢	2 Tim 4:3	guru-guru dengan pesan-pesan yang remeh
➢	Titus 1 :10	omongan yang sia –sia tentang sunat
➢	Titus 1:14	mitos-mitos Yahudi
➢	Titus 3:9	kontroversi yang tidak mengutungkan, geneologi dan hokum

Mengapa bidat-bidat ini berbahaya?

1. Karena mereka keliru dan memimpin orang kepada kesesatan dalam pencarian mereka akan kebenaran iman.
2. Karena mereka membawa orang kepada kecenderungan yang berlawanan dari keseimbangan Kitab Suci yang benar (contohnya asketisme, ketidakbermoralan).

Melawan latarbelakang teologia dan filasafat inilah, Timotius dan Titus ditugaskan untuk memimpin komunitas orang Kriten. Paulus menerima tantangan untuk melawan bidat-bidat inidan melalui pengajarannya ia menyediakan pertolongan bagi para gembala muda ini demi menghadapi perlawanan-perlawanan dari guru-guru palsu. Dan sebagai akibatnya, gereja dibawah perhatian mereka akn berjalan dengan benar dan dipimpin secara benar di dalam jalan kebenaran Allah.

Pertanyaan: Masalah khusus apakah yang akan saudara hadapi dalam pelayanan penggembalaan di masa depan terkait dengan trend masa kini di dalam konteks agama dan sosial abad ke-21 ini?

Latihan: Jika saudara harus menulis sebuah surat kepada gembala yang lebih muda, isu apakah yang ingin saudara tekankan sebagai perhatian saudara terhadap gereja masa kini?

Hati Paulus bagi Gereja

Panggilan Pribadi Paulus untuk Pelayanan

Ketika sang rasul sampai pada masa akhir hidupnya ia mengingatkan kembali elemen vital dalam pelayanannya – yaitu panggilan Ilahi (1 Tim 1:12). Penekanannya disini terletak pada karya Allah dalam hidupnya yang sangat dramatis dan penuh kuasa tetapi juga sangat serius. Dalam Kis 9:15-16 ia diberitahu bahwa ia akan menderita, dan hal tersebut ia lalui (2 Kor 11:23-33). Bagaimanapun dalam 1 Kor 15:10 ia menemukan bahwa anugerah Allah adalah titik awal, kekuatan yang terus dialami (2 Kor 12:9), dan kemuliaan yang luar biasa (Ef 2:5-6) oleh karena kasih karunia. Kita semua dipanggil untuk melayani di dalam situasi gereja lokal! Pelayanan masih merupakan kekuatan yang memimpin Paulus.

Jika saudara ingin tahu apakah seseorang sungguh-sungguh berpikir, maka saudara harus mendengarkan ia ketika 'menyandarkan punggungnya ke didinding/seperti menahan perasaan tertentu Paulus berada dalam keadaan yang sulit tersebut; hidupnya berada di bawah ancaman sehingga ia mengambil kesempatan (kemungkinan yang terakhir) untuk menasehati dan mengarahkan gereja-gereja yang masih belum berpengalaman di bawah kepemimpinan Timotius dan Titus (khususnya Efesus dan Kreta). Ingatlah untuk membaca 1 dan 2 Tiotius dalam hubungannya dengan Kisah Para Rasul 20, dimana Paulus menasehati secara panjang lebar gereja yang dipercayakan untuk digembalakan oleh Timotius.

Parhatian Paulus bagi gereja diringkaskan dalam 1 Timotius 4:1. Itu merupakan hal yang sangat penting untuk melindungi gereja dari ajaran-ajaran sesat sehingga umat Allah akan bertubuh dengan benar dan Injil akan membawa dampak yang lebih besar. Di dalam Kisah Para Rasul 19; 20:17-38 (khususnya ayat 20, 27-32) Paulus memeritahkan kepada penatua di Efesus untuk setia kepada Firman Allah, mengigat tidak ada sumber lain untuk pertolongan, dorongan dan pendidikan lain diluar Firman.

Jadi, apa sajakah ajaran-ajaran Paulus bagi gereja? Sebagaimana ia berbiacara dari dalam hatinya ia menyikapi 4 bidang yang begitu penting. Keempatnya merupakan isu-isu yang harus coba kita gumuli dan usahakan sehingga gereja dapat berfugsi sebaik-baiknya dan bertumbuh.

1. **Meninggikan Tuhan** (1 Tim 1:17 dan 3:16). Disini kita melihat pesan keselamatan dinyatakan dan dalam Titus 2: 11-14 kita melihat puncak dari segala yang telah direncanakan Allah bagi kita.
2. **Tindakan yang tepat** (1 Tim 2). Disini Paulus menyatakan sikap-sikap yang benar dalam berdoa. Dalam 1 Tim 2:9-3 dan 4:12-5:25 ia mengilustrasikan pentingnya kesucian pribadi dan perhatian kelompok. 2 Tim 2:15 berbicara tentang perlunya kerajinan dalam kehidupan pribadi kita dan Titus 2;1-10 sekali lagi menyinggung tentang kesucian personal. Orang Kristen harus menghidupi kerasulan bagi Yesus Kristus.
3. **Disiplin gerejawi.** Supaya gereja bisa berjalan dengan baik maka harus dipimpin secara baik pula; struktur kepemimpinan adalah vital, dan

18

kepemimpinan rohani menjadi hal yang sangat esensial (1 Tim 3, 2 Tim 2:3-7, Titus 1:5-90. Kepemimpinan yang kuat disini tidak dalam arti para pemimpin gereja memeimpin secara diktator, tetapi lebih kepada cara memimpin yang saleh dan dalam kekudusan rohani dengan tujuan untuk memberi teladan yang baik kepada gereja dan dunia.

4. **Mengajarkan doktrin yang benar.** Tujuan gereja adalah untuk membela kebenaran dari Firman Allah (1 Tim 4:11-16, 2 Tim 3:14-17, Titus 2:11-15). Dengan demikian tanggung-jawab utama terletak pada para pemimpin, gembala dan penatua (lihat Kis 20:28), namun semua orang percaya juga harus berdiri teguh mempertahankan kebenaran Firman Allah.

Perhatian Paulus bagi gereja dinyatakan ke dalam 4 bidang yang fundamental bagi kehidupan Kristen. Kita akan dapat menerapkannya dengan baik jika kita memperhatikan FirmanNya sehingga kita dapat sukses dalam pekerjaan Allah.

Latihan: Perhatikan panggilan saudara untuk pelayanan; isu-isu utama apa sajakah yang saudara bayangkan perlu untuk saudara hadapi baik dalam pengalaman pribadi maupun dalam kerja sama sebagai satu kesatuan tubuh Kristus?

1 Timotius: Pelayanan Gereja Lokal

Ayat Kunci: 1 Tim 3:15

- **Pasal 1**
  - Salam dan pendahuluan 1:1-2
  - Doktrin yang benar 1:3-11
  - Kasih karunia Allah 1:12-17
  - Perjuangan yang benar 1:18-20
- **Pasal 2**
  - Doa bagi semua 2:1-7
  - Perilaku di dalam gereja 2:8-15
- **Pasal 3**
  - Penilik/penatua 3:1-7
  - Para diaken 3:8-13
  - Rahasia Injil 3:14-16
- **Pasal 4**
  - Kemurtadan besar 4:1-5
  - Pelayan yang baik 4:6-10
  - Kepentingan pribadi 4:11-16
- **Pasal 5**
  - Anggota gereja 5:1-16
  - Para tua-tua 5: 17-25
- **Pasal 6**
  - Tuan yang dihormati 6:1-2
  - Kesalahan dan keserakahan 6:3-10
  - Pengakuan yang baik 6:11-16
  - Kekayaan 6:17-19
  - Mempertahankan iman 6:20-21

Pendahuluan

"Jadi jika aku terlambat, sudahlah engkau tahu bagaimana harus hidup sebagai keluarga Allah, yakni jemaat dari Allah yang hidup, tiang penopang dan dasar kebenaran." (1 Tim 3:15)

- Ini merupakan surat yag sangat kaya yang ditulis menggunakan istilah-istilah yang sangat personal dan menjelaskan banyak hal untuk menolong gembala muda Timotius demi memenuhi tugas pelayanannya. Ini merupakan dorongan pribadi dari Paulus kepada seorang yang masih muda yang berusaha mengambil langkah pertama yang tepat dalam kepemimpinan gereja.
- Ini merupakan bacaan yang sangat penting bagi semua orang muda Kristen, secara khusus mereka yang terlibat secara penuh waktu dalam pelayanan. Timotius bertobat pada sekitar tahun 50 M dan menghabiskan 12 tahun hidupnya melakukan perjalanan misi bersama Paulus. 1 Timotius dapat dipandang sebagai ringkasan tulisan Paulus dari pengajaran-pengajaran lisannya yang ia berikan kepada Timotius saat ia bersamanya dalam perjalanan misi. Itulah alasannya dalam surat ini kita memiliki pengajaran yang berhubungan dengan masa 'paska kerasulan'.
- Timotius adalah gembala di Efesus (1 Tim 1:3) sebuah gereja yang didirikan oleh Paulus pada perjalanan misinya yang ketiga (Kis 18:19-29) pada tahun 53-57 M. Kis 20:17-38 lebih lanjut menolong mahasiswa memahami isi dari surat-surat penggembalaan ini sebagaimana ajaran-ajaran lisan berkaitan dengan kepemimpinan yang harus dilaksanakan oleh Timotius di Efesus.
- Tugas Timotius adalah untuk mengkhotbahkan Injil dan mengajarkan doktrin yang benar (1:5; 4:11-16)
- Timotius sebelumnya menghadapi beberapa kesulitan di Efesus dan Paulus bermaksud menolong hambanya yang setia itu.
- Timotius adalah orang yang harus kita teladani dan penting bagi kita semua untuk menunjukkan keberanian dan kesetiaan sebagaimana yang ia lakukan dalam pekerjaan Allah.
- Secara tradisi diterima bahwa surat tersebut ditulis mendekati tahun 62/63 M, kemungkinan lebih, baik dalam perjalanan ke Roma ataupun ketika ia berada dalam tahanan Roma. Banyak debat berpusat pada apakah Paulus dibebaskan atau tidak dari penawanannya yang pertama di Roma sebagaimana disebutkan di atas.

Tema-tema Utama

1. Dorongan melawan guru-guru palsu (1:3-7, 18-20; 6:3-5, 20-21)
2. Memberikan Timotius mandat tertulis (1:3-4)
3. Memberi pengajaran-pengajaran tentang hubungan/masalah gerejawi (3:14-15)
4. Mendorong supaya melakukan pekerjaan dengan rajin (4:6-6:2)

Teologi Utama

- Dosa, Kristologi, pneumatologi, dan eskatologi, semua bidang ini harus menjadi perhatian setiap gembala ketika mereka berusaha memimpin umat kepada kemajuan gereja yang seimbang.
- Masalah utama yang tengah dihadapi oleh Timotius kemungkinan adalah embrio Gnostisime dan Yudaiser, dan sekalipun ini penting kita seharusnya tidak berfokus pada masalah tersebut, tetapi terlebai pada solusinya, sebagaimana tercatat dalam 1:8-11, 15, 19; 2:5-6; 3:16; 4:6-7; 6:3-13, 17.

Efesus

Guna memperoleh pemikiran yang lebih baik mengenai kata-kata Paulus dan masalah-masalah Timotius, maka penjelasan singkat mengenai kota Efesus sangat diperlukan. Efesus adalah kota yang sangat penting di Roma yang berlokasi di jalur utama perdagangan. Itu adalah ibu kota provinsi Asia dengan pelabuhan yang baik yang membantu pertumbuhan kota tersebut. Sebagai ibu kota, ia mempunyai status yang penting dalam politik, ekonomi dan bidang-bidang keagamaan dengan penekanan khusus pada penyembahan dewi Diana atau Artemis (lihat Kis 19). Kuil Diana dikenal sebagai salah satu Keajaiban Dunia kuno; penyembahannya bersifat musrik dan melibatkan praktek-praktek magis. Diana dipandang sebagai ibu para dewa yang digambarkan memiliki banyak payudara pada patungnya; penyubur, pelindung anak perawan muda. Penyembahannya membawa banyak keuntungan bagi tukang pandai perak di Efesus. Dengan demikian maka Timotius menghadapi berbagai tantangan termasuk politik Romawi, kesejahteraan, agama-agama sesat, penyembahan ilah/dewi/ dan magis hitam.

1 Timotius Pasal 1

Demi tujuan-tujuan kita maka sangat penting untuk memeriksa peranan gembala sebagaimana disebutkan di garis besar Surat Pastoral; namun itu tidak harus menjadi satu-satunya tujuan dari penyelidikan kita, mengingat di tiap-tiap pasal ada banyak hal yang relevan dengan gereja Kristen secara keseluruhan.

Ayat 1-2 Paulus memiliki hubungan yang baik dengan Timotius; Kisah Para Rasul menunjukkan bahwa ialah yang menemani Paulus selama perjalanan misionarinya. Disini ia menunjuk Timotius sebagai 'anak di dalam iman', yang kemungkinan besar karena pertobatannya di bawah pelayanan Paulus (Kis 16:1-3). Kita memiliki tanggung jawab pada orang lain yang datang oleh karena pengaruh rohani kita; dan Paulus ingin mewariskan ajaran-ajaran yang bermanfaat kepada laki-laki yang masih muda tersebut yang ia anggap sebagai 'anak' rohaninya. Sangat penting bagi kita untuk tidak berpikir kita harus punya dan tahu semua jawaban; sangat penting untuk mendapatkan nasehat yang saleh dari mereka yang kita hargai dalam hal-hal rohani.

Ayat 3-11 Hati-hati terhadap pengajar-pengajar sesat; hati seorang gembala disini dinyatakan melalui perhatian tentang perlindungan bagi jemaat yang harus dipertanggungjawabkan secara rohani; seorang gembala harus memperhatikan umat layaknya gembala memperhatikan kawanan dombanya. Namun bagaimana kita bisa mengenali pengajar-pengajar sesat? Cara yang paling aman adalah dengan meyakini narasi kebenaran alkitabiah dan kandungan teologinya; sebagaimana gembala mengetahui kebenaran dan dengan demikian dapat mewariskannya kepada jemaat untuk mempersiapkan semua guna mengenali apa yang sesat dan yang tidak alkitabiah. Gembala seharusnya:

1. Mengetahui Firman yang benar
2. Berdoa untuk pimpinan
3. Mengingat bahwa saudara memiliki tanggung jawab kepada diri-sendiri dan orang lain
4. Tidak pernah mengajar demi keuntungan pribadi

Ayat 5 Apakah motivasi yang benar untuk semua pekerjaan dan pelayanan kita bagi Allah? Kasih! Jika dalam pelayanan kita, kita berkonsentrasi pada kasih Allah yang dinyatakan dalam FirmanNya maka berkat akan dicurahkan. Paulus menekankan hal ini dalam 1 Korintus 13 yang merupakan pasal tentang kasih namun sayangnya sering hanya dibacakan/direnungkan saat pernikahan dan pemakaman; padahal yang terkandung dalam ayat-ayat tersebut sangat penting untuk menolong kita memahami kasih dan dampaknya bagi perorangan.

Ayat 11 Injil mengandung kemuliaan dari berkat Allah-ini adalah Injil Allah, misi dan kasihNya (2 Kor 4:4-6). Ini adalah perintah untuk diingat bahwa seluruh pesan berpusat pada Allah dan bukan kita! Gembala tidak boleh berpusat pada diri-sendiri tetapi setiap orang karena tugas utamanya adalah memperhatikan kerohanian siapapun yang ada di dalam maupun di luar komunitas gereja.

Ayat 12 Mengapa saudara berada di sini? Ini merupakan pertanyaan yang sangat vital untuk ditanyakan (ambillah waktu beberapa menit untuk memikirkan pertanyaan ini dan pertimbangkan alasan saudara yang sebenarnya kenapa datang ke sekolah Alkitab atau pikirkan tentang tugas yangsaudara miliki belakangan ini di gereja lokal). Disini Paulus kembali mengingat akan panggilannya untuk melayani dan sekalipun banyak tantangan yang harus ia hadapi ia tetap mengucap syukur kepada Allah karena telah memilihnya memikul kabar gembira yaitu Injil. Akan datang masa-masa sulit ketika saudara melayani Tuhan; keraguan; ketakutan; kritik; pertanyaan-pertanyaan dan keptusasaan; namun jika masa-masa itu datang ingatlah siapa yang telah memanggil saudara untuk melayaniNya; Dialah Tuhan 'kurios' Ia yang memiliki kekuasaan tertinggi.

Apakah saudara bersyukur karena Allah telah memilih saudara untuk melayaniNya di dalam pelayanannya di dunia ini?

Jika saudara ingin melayaniNya dengan cara-cara yang sesuai dengan rencana Allah, maka saudara memerlukan:

1. Kekuatan dari Allah
2. Kerja bagi Allah
3. Goalnya adalah Allah sendiri

Ayat 17 Disini kita melihat gambaran Allah yang kita layani; ini dikenal sebagai Doxology-akhir dari penyembahan kepada Allah yang kita kenal dan layani. Dalam ayat ini kita melihat Allah sebagai:

1. Raja
2. Yang kekal
3. Tak bisa mati
4. Tak terlihat
5. Berhikmat/ Maha tahu

(lihat juga Wahyu 15:3; Rom 1:23; Kol 1:15; Rom 16:17)

Disiplin Gereja

Ayat 20 Diserahkan pada iblis artinya dikeluarkan dari gereja dan masuk ke dalam dunia setan (dunia di luar gereja); kemungkinan dipisahkan dari gereja 'untuk belajar' dan memahami bahwa Allah dapat mengampuni pelanggaran ringan yang mereka lakukan. Disiplin gereja adalah isu yang penting bagi pemimpin gereja/gembala; bagaimana kita menghadapi disiplin di dalam gereja dapat berpengaruh terhadap keseluruhan tubuh Kristus. Oleh karenanya perlu sekali untuk berdiri teguh, adil dan tetap alkitabiah dalam membuat pendekatan terhadap masalah pendisiplinan gereja.

Kontrol Kualitas dalam Gereja

Bagaimana masalah pendisiplinan ditangani oleh para pemimpin?

Ada kalanya saudara akan berhadapan dengan masalah-masalah yang serius, seperti ketidaklayakan finansial, dan sangat penting bagi saudara menghadapi masalah-masalah demikian dengan cara yang alkitabiah. Alkitab telah meletakkan prinsip-prinsip untuk menghadapi problematika anggota gereja.

Disiplin dalam komunitas sangatlah penting, dan semua gereja seharusnya mempunyai prosedur pendisiplinan sebagai bagian dari undang-undang gereja. Jika dibuat demikian, seluruh anggota jemaat akan menyadari peraturan tersebut dan karenanya tidak akan merasa diperlakukan tidak adil ketika keputusan diambil.

Bagaimana kerangka untuk Pendisiplinan?

1. Saudara ke saudara (Mat 5:22-24; 1 Kor 5-6)
2. Dua/tiga saksi berbicara kepada anggota yang melakukan kesalahan (Mat 18:17, 1 Kor 1:11)
3. Eks-komunikasi bagi anggota yang menolak untuk bertobat (Mat 18:17, 1 Tim 1:20, 3 Yoh 1:9)
4. Bagaimana dengan penerimaan kembali, setelah pertobatan yang murni? (Yak 5:19-20)

(lihat juga Ezra 10:1-18; Yoh 9:22, 34; 2 Tes 3:6-15; Tit 3:10-11; 1 Tim 5:20; 1 Kor 11:30; Wah 2:20-22)

Isu yang Serius

Masalah serius seputar pendisiplinan akan bertambah dan meluas, pastikan bahwa tidak ada seorangpun 'menjadi tuan' yang mengatasi jemaat, membuat-buat peraturan yang kebanyakan tidak signifikan dan bersukacita diatas pendisiplinan. Khotbah dan pengajaran kita seharusnya mampu mendorong orang untuk hidup sebagai orang Kristen, penekanannya haruslah diletakkan pada pengajaran alkitabiah yang solid, yang mengijinkan kuasa yang meyakinkan dari Roh Kudus untuk bekerja dalam hidup seseorang untuk megubah mereka pada waktu Tuhan.

Seluruh masalah-masalah pendisiplinan perlu disikapi dengan rasa hormat yang sepantasnya; ingatlah untuk tidak mendiskusikan 'isu-isu' secara terbuka ketika hidup orang lain dipertaruhkan-kita tidak boleh menggosipkannya. Kepekaan sangat diperlukan disini karena hal-hal seperti demikian yaitu menghakimi sesama dapat menimbulkan masalah besar (Mat 7:3) Lihat juga 1 Kor 4:5; 6:1; 1 Pet 4:15; Ef 4:32: Gal 6:1.

Bersiaplah untuk bertindak namun jangan mencari-cari masalah!

PERTANYAAN

1. Isu-isu apakah yang mungkin dihadapi oleh gembala/pemimpin gereja yang memerlukan tindakan pendisiplinan?
2. Diskusikan bagaimana seharusnya seorang pemimpin menanggapi:
   - Tindakan sexual yang amoral?
   - Pelecehan fisik?
   - Gosip yang jahat?
   - Kritik terbuka kepada pemimpin?

1 Timotius Pasal 2: Sikap Doa

Berdoa merupakan hal penting dan aspek integral dalam pengalaman orang Kristen. Tanpa doa, siapapun akan kehilangan kontak langsung dengan Allah yang sangat diperlukan oleh setiap pelayanan demi mendapatkan pimpinan dalam pelayanannya. Seorang gembala haruslah seseorang yang berdoa; sebuah nasehat yang pernah saya terima dari seorang pastor yang sangat berpengalaman adalah 'jika kamu menghendaki yang unggul dalam hal apapun di pelayanan; menjadi unggullah dalam berdoa'. Kata-kata ini sangatlah penting bagi gembala dan seharusnya nasehat ini ditanggapi secara serius dan diaplikasikan dalam pekerjaan dan pelayanan siapapun.

Ayat 1-8 Disini terdapat panggilan yang mendesak bagi semua orang Kristen dan terutama gembala untuk berdoa. 'Exhort' berarti mendesak atau memanggil segera. Perhatian sang rasul adalah supaya Timotius menanggapi secara serius pokok tentang doa ini-tidak ada seorangpun yang boleh mengabaikan doa; siapapun kita; apapun yang mungkin kita tahu, kita tidak dapat bertumbuh secara rohani tanpa pelayanan penting dari doa.

Apakah doa itu?

- Permohonan. Ini merupakan permintaan-permintaan yang istimewa untuk kebutuhan-kebutuhan yang khusus.
- Pujian. Doa adalah istilah yang umum untuk pengakuan/pengagungan
- Permintaan dan safaat adalah doa yang dinaikkan bagi orang lain
- Syukur. Ini adalah doa-doa yang berisi puji-pujian.

Mengapa Berdoa?

Ada dua alasan utama mengapa kita berdoa:

1. Doa memberi manfaat bagi diri pribadi; pertumbuhan, tuntunan dan pertolongan (Mat 6:6; 7:7-12)
2. Doa mendatangkan manfaat bagi sesama/orang lain (Ef 1:15-18; 3:14-21)

Paulus berbicara banyak tentang doa dalam surat-suratnya, dan disini kita melihat bahwa sangat perlu menjaga keseimbangan dalam doa-doa kita. Alkitab adalah sebuah buku tentang keseimbangan dan seharusnya kita tidak menekankan pengajaran satu aspek- termasuk ajaran tentang doa-lebih daripada aspek yang lain. Jangan terlalu menonjolkan satu ajaran, tetapi jadilah seorang murid yang mau belajar semua doktrin dan tradisi alkitabiah secara seimbang (Kis 20:20).

Alasan untuk Berdoa

Ayat 2 Kedamaian sosial dan politik; hal ini memberikan martabat bagi jiwa

Ayat 3 Memungkinkan keselamatan bagi orang lain

Ayat 4 Memberi kita kesempatan untuk berpartisipasi dalam kerinduan hati Allah

Ayat 5 Ada seorang pengantara yang melaluiNya kita dapat datang kepada Allah, Dialah Yesus; Ia memberikan titik kontak antara manusia dengan Bapa sehingga kita dapat mengambil bagian dalam pekerjaan Injil yang terus berkelanjutan (Ibr 7:25).

Masuklah dalam kelompok-kelompok dan selidikilah ayat-ayat referensi mengenai doa dalam tulisan-tulisan Paulus; perhatikan tiap kasus di mana doa menjadi bagian yang sangat penting:

Fil 4:6-7; Kol 1:3; 4:2-6; Ef 1:15-23; 6:18-19; 1 Tes 5:17; juga perhatikan Luk 11:1-4; Mat 6:5-8

Latihan: Tulislah sebuah doa bagi bangsamu yang meliputi semua bidang di dalamnya.

Panggilan Pokok Orang Percaya

Ayat 7 Untuk membawa orang kepada Yesus Kristus, pengajaran dan khotbah menjadi pelayanan pokok dari gembala, tetapi harus juga disertai dengan penekanan pada iman dan kebenaran.

Sikap dan Tindakan yang Benar dalam Hidup

Ayat 8 Orang percaya harus memiliki tangan yang kudus, artinya:

i. Hidup yang Murni – Dampak apakah yang diberikan oleh kemurnian/kekudusan terhadap kehidupan seseorang? Seberapa besar perhatian yang kita berikan terhadap kemurnian hati dan hidup? Pencobaan adalah bagian yang nyata dari pengalaman setiap orang percaya – hati-hatilah secara khusus terhadap bidang-bidang berikut: seksual, keuangan, kekuasaan!

ii. Jangan ada perselisihan – sikap berselisihan dan dendam/permusuhan dapat membesar menjadi perusak pelayanan Injil dan berdampak pada efek doa-doa kita. Kesatuan adalah kunci dari prinsip-prinsip alkitabiah yang harus kita yakini dalam kehidupan berjemaat- hal ini akan sangat dipengaruhi oleh peranan gembala.

iii. Kesederhanaan (ayat 9)

iv. Bekerja dengan baik (ayat 10)

v. Belajar (ayat 11)

vi. Menghormati (ayat 12-14)

Perjanjian Baru berbicara banyak tentang peranan perempuan; disini Paulus membuat pernyataan tentang perilaku perempuan di dalam berjemaat. Ini merupakan isu yang cukup sulit di kalangan gereja Kristen Injili; mengingat jurang pemikiran dari penindasan perempuan secara total dalam memberikan peran spiritual di gereja sampai kepada penerimaan perempuan menempati posisi apapun di dalam kepemimpinan. Hal terpenting pertama adalah jangan ada laki-laki yang melecehkan posisi-posisi yang berotoritas yang mereka miliki di gereja. Juga penting untuk dipahami bahwa Injil adalah pesan yang radikal yang mengijinkan perempuan mendapat kesempatan untuk belajar sekalipun mereka hidup dalam budaya yang melarang hal tersebut.

Situasi yang khusus di Efesus harus menjadi bahan pertimbangan dalam debat ini; Dewi Diana adalah pusat penyembahan orang Efesus dan hal ini tentunya memberikan dampak terhadap peranan perempuan di dalam masyarakat; kemungkinan terlihat sangat menyolok dalam peranan umum mereka dalam penyembahan ilah perempuan. Paulus juga menghadapi elemen Yahudi yang cukup berpengaruh dalam gereja; sebuah kelompok yang mengecap perempuan di kepemimpinan sebagai anti budaya. Alasan yang khusus bagi Paulus mengangkat isu ini harus ditafsirkan dengan memperhatikan referensi Paulus akan perempuan-perempuan yang begitu berpengaruh dalam embrio gereja. Kisah Para Rasul 18:24-28 menyatakan pelayanan mengajar yang sangat penting yang dilakukan oleh Priskila; Roma 16:3-5 menggolongkan dia sebagai pengerja yang bersama Paulus dan 1 Korintus 16:19 mendaftarkan Priskila sebagai pemimpin gereja bersama suaminya. Roma 16:1 menyebutkan peran kunci yang diemban oleh Febe sebagai seorang pelayan atau yang melayani di gereja dengan berbagai cara. Roma 16:7 menyebut penghargaan kepada Yunias yang kemungkinan besar adalah seorang wanita yang terlibat dalam pelayanan umum. Juga sangat penting untuk dicatat bahwa teladan dalam Perjanjian Lama ditunjukkan melalui seorang wanita bernama Debora, Hakim-hakim 4:4 menyebutkan jabatannya sebagai hakim dan nabiah bagi Israel. Saya merasa sangat penting untuk melihat peran perempuan dalam gereja lokal; keselamatan dan seseorang yang dipakai Roh Kudus tidak dibatasi oleh masalah jender; dengan demikian setiap orang harus memberikan perhatian yang serius terhadap peranan wanita dalam kepemimpinan. Gereja mula-mula menerima pelayan, hamba Tuhan dan pengajar perempuan, karenanya mungkin gereja Injili abad 21 harus mulai melihat pembahasan ini dengan cara pandang yang lebih segar lagi dan bukan dengan pertimbangan tradisi patriakal.

Debat mengenai peran dan tanggung jawab perempuan di gereja ini terus berlanjut dan hal ini sebagian besar dipengaruhi oleh perbedaan dan pertimbangan budaya.

DISKUSI: Bagaimana pandangan budaya saudara mengenai wanita yang terlibat dalam pelayanan, secara khusus dalam kepemimpinan penggembalaan?

1 Timotius Pasal 3: Pemerintahan Gerejawi/Kepemimpinan

Latihan: Bacalah Kisah Para Rasul 20:17-38. Sebagaimana Paulus menujukannya kepada para tua-tua Efesus, apakah yang dapat kita pelajari tentang model dan kualitas kepemimpinan yang diharapkan oleh Paulus dari para pemimpin yang menerima suratnya? Baca juga Masmur 23 dan Yehezkiel 34 guna mendapatkan gambaran yang lebih mendalam lagi tentang standar kepemimpinan yang alkitabiah.

Kepemimpinan gerejawi merupakan salah satu isu kontroversial yang dihadapi oleh gembala-gembala; lingkaran orang yang tidak tepat dalam posisi kunci dapat menyebabkan masalah yang serius. Sementara, keberadaan orang-orang yang tepat dalam posisi yang tepat memudahkan gembala melakukan perannya dan membawa berkat yang lebih besar bagi jemaat gereja lokal. Dalam pasal ini penulis meletakkan beberapa panduan kepemimpinan yang sangat berguna, khususnya tentang kharakter dan kualitas yang harus ada pada semua calon pemimpin. Jika saudara mulai menjajaki kepemimpinan gereja, pastikan saudara memiliki kelompok rohani/ sesama teman yang memimpin yang dapat menolong saudara dalam pelayanan dan dapat menolong mengurangi tekanan yang akan saudara hadapi.

Ayat 1 Bishop atau Penatua adalah mereka yang bertanggung jawab memperhatikan kawanan domba; yang merawat, memeriksa, mengunjungi, menanyakan keadaan/keberadaan umat seutuhnya. Penjagaan adalah bagian yang tidak kalah menarik (Lihat Kis 20:28 dan 1 Pet 5:1-4). Penafsiran lainnya adalah 'penilik' atau pastor/gembala' yaitu seseorang yang memberi makan, merawat, memelihara, menuntun, menghargai dan mengatur kawanan (Ef 4:12)

Ada banyak debat mengenai penafsiran yang tepat akan kata-kata ini, sekalipun demikian penting untuk diingat bahwa semua otoritas rohani haruslah bermuara pada penggembalaan umat Allah. Esensi dari kepemimpinan gereja adalah adanya hati yang tertuju kepada Allah dan umatNya, belas kasihan yang merefleksikan Yesus ketika ia melayani di bumi. Banyak pendapat yang menyatakan bahwa karakteristik-karakteristik yang disebutkan pertama-tama dimaksudkan bagi para gembala, mengingat ini adalah satu-satunya penjelasan/ajaran tentang pemimpin gereja yang dibahasa secara detail di Perjanjian Baru. Seseorang mungkin berasumsi bahwa gembala haruslah orang "paling unggul dari yang lain" dan karenanya harus mendemostrasikan karakateristik-karakteristik tersebut. Bagaimanapun, sangat penting untuk diingat bahwa gembala (Menurut Ef 4:11) adalah karunia dari Allah bagi gereja yang dapat melakukan pelayanan keliling lainnya; sedangkan dalam 1 Timotius kita diberitahu bahwa para pemimpin gereja harus menetap di gereja lokal sehingga terus dapat melayani ketika gembala pindah ke pelayanan yang lain atau ketika tidak ada gembala di situ.

Ayat 2-7 Resep Ilahi mengenai kepemiminan di gereja lokal diberikan disini; ada bebarapa karakteristik personal yang harus diteliti sebelum seseorang diterima sebagai 'bishop, penilik atau penatua'. Standar Ilahi ini sangat tinggi dan oleh karenanya sangat penting untuk menguji dengan seksama siapapun yang akan diterima bergabung dalam kepemimpinan gereja lokal.

i. Mereka harus tanpa cela/cacat
ii. Mereka harus setia dalam pernikahan; suami dari satu istri (apakah ini berarti menghindari wanita?)
iii. Mereka harus sabar dan penuh perhatian terhadap hal-hal rohani.
iv. Mereka harus sederhana, tidak hanya bebas dari alkohol yang mengurangi atau bahkan mematikan pengertian tetapi juga seluruh gaya hidup mereka.
v. Mereka harus memili hidup yang teratur; mempunyai penguasaan diri dan disiplin diri
vi. Mereka harus memberi tumpangan, rumah mereka terbuka bagi siapapun.
vii. Mereka harus cakap mengajar, memiliki pemahaman alkitabiah dan kemampuan untuk meneruskannya kepada orang lain.
viii. Mereka bukan orang yang serakah terhadap uang, tetapi memiliki sikap hamba.
ix. Mereka harus mememipin dengan lemah lembut, bukan secara dictator.
x. Mereka bukan orang yang baru bertobat; pengalaman sangatlah bermanfaat (gereja-gereja baru harus diawasi oleh penanam gereja atau pemimpin Kristen yang berpengalaman).
xi. Mereka harus punya kesaksian yang baik di dalam maupun di luar gereja.

Disini kita diperhadapkan dengan gambaran seorang individu yang memiliki rohani yang unggul dan bergairah untuk melayani Tuhan; dan memiliki karakter yang unggul pula. Pertanyaan yang sering muncul adalah bagaimana menemukan orang yang sesempurna itu, dan ini merupakan pertanyaan yang tidak mudah untuk dijawab.

PERTANYAAN

1. Bagaimana saudara melakukan pendekatan mengenai masalah pemilihan pemimpin di gereja lokal saudara?

2. Perhatikan hal berikut: seseorang merasa bahwa ia tidak dipandang mampu untuk sebuah posisi sebagai penatua di gerejamu dan ia mulai menyebar rumor yang tidak mengenakkan tentang dirimu sebagai gembala. Bagaimana saudara akan menetralkan situasi dan membawa orang tersebut sampai merasa nyaman dengan keputusan yang telah dibuat?

Penatua

Posisi penatua adalah posisi yang makna maupun berbagai pelayanannya diatur dalam Perjanjian Baru, itu merupakan peran yang penting dalam gereja. Kata Yunani untuk mendeskripsikan seseorang yang memegang jabatan ini adalah:

- 'presbuteros' yang berarti lebih tua
- 'episkopos' yang berarti penilik atau bishop

Istilah ini berasal dari kisah laki-laki tua di masyarakat/suku kuno yang bertanggung jawab untuk mewariskan tradisi-tradisi sukunya kepada masyarakat, dengan demikian ketika orang membaca surat-surat Paulus mereka akan memahami artinya. Masa kini kita melihat banyak ide mengenai penatua ini, namun Alkitab jelas berbicara mengenai aspek-aspek tertentu khususnya syarat-syarat dan tugas-tugas utama mereka.

Teks pokok yang membahas peran/tugas mereka adalah:

1. 1 Timotius 3:1-7
2. Titus 2:5-9
3. 1 Petrus 5:2-4

Ayat-ayat tersebut juga berlaku bagi gembala, ini penting untuk dicatat supaya gembala, sekalipun dipanggil oleh Allah untuk menggembalakan, ia juga harus menjalankan peran sebagai penatua. Di beberapa gereja ada kemungkinan posisi ini dijabat oleh satu orang, tetapi itu bukanlah esensial karena orang awam sekalipun dapat melaksanakan peran tersebut. Tugas khusus mereka adalah mengajar. Kata-kata Paulus kepada penatua jemaat di Efesus yang terdapat dalam Kisah Para Rasul 20:17-38 adalah bacaan yang penting bagi siapa saja yang dipercaya sebagai pemimpin rohani di gereja.

Diaken

Ayat 8-13 Kelompok kedua dalam kepemimpinan yang disinggung oleh 1 Timotius adalah diaken atau pelayan/penolong. Dijelaskan dalam bagian ini bahwa prioritas mereka adalah meringankan tugas gembala/penatua supaya mereka bisa mengerjakan/terlibat ke dalam pelayanan rohani secara lebih mendalam. Banyak dari karakteristik yang yang harus dimiliki oleh diaken ini yang sama seperti halnya bishop atau penilik jemaat. Banyak yang menerima 7 pelayan meja yang terpilih seperti yang dikisahkan oleh Kisah Para Rasul 6:1-4 sebagai para pelopor pemimpin-pemimpin tertentu. Jadi sekalipun mereka memiliki tugas yang lebih praktis, mereka haruslah orang yang rohani.

Ayat 14-15 Penulis dengan tegas memastikan supaya gereja Tuhan dipimpin dengan benar mengingat tipe kepemimpinan gereja tidak hanya merefleksikan gereja itu sendiri tetapi Yesus Kristus sebagai kepala gereja. Sangat penting bagi kita untuk mengenali bahwa gereja itu lebih besar dari individu manapun, dan bahwa setiap orang hanyalah pelayan Allah yang terlibat di dalam pekerjaanNya di gereja demi kemulianNya semata.

Ayat 16 Disini kita diingatkan alasan mengapa kita terlibat di dalam pelayanan Kristen; itu semata-mata karena Allah yang telah menjadi juruselamat dan yang telah memberikan mandat kepada kita untuk melayaninya di generasi ini.

Kata diaken berasal dari kata Yunani 'diakonos' yang berarti 'pelayan'. Para diaken diperkenalkan cukup awal di dalam Kisah Para Rasul. Secara umum diterima bahwa orang-orang yang dipilih sebagai 'pelayan meja' di pasal 6:1 adalah para diaken yang pertama, dengan demikian ini adalah tugas yang khusus dan hanya dapat dilihat sebagai bentuk permulaan dari jabatan diaken. Fungsi utama mereka adalah untuk mengurusi masalah-masalah komunal atau hal-hal praktis di tengah-tengah komunitas orang Kristen dengan tujuan meringankan tugas para rasul sehingga para rasul mempunyai lebih banyak waktu untuk berdoa dan berkhotbah. (Kis 6:4)

Para laki-laki (diaken) tersebut harus memenuhi beberapa kriteria sebelum dipilih:

1. Orang yang jujur
2. Penuh dengan Roh Kudus
3. Berhikmat
4. Orang-orang yang mau bekerja praktis
5. Orang yang beriman

Catatlah bahwa ketika gereja dipimpin dengan benar maka Firman Allah akan disebarluaskan (ayat 7)

Referensi Alkitab lainnya untuk diaken ini dapat ditemukan di 1 Timotius 3:8-13, dimana penjelasan yang lebih luas mengenai karakter ditemukan. Yang dimaksud disini adalah karakter yang lebih mengarah pada ciri pembawaan daripada kecakapan rohani, kemudian karakter-karakter tersebut juga berlaku bagi gembala dan penatua.

1. Orang yang terhormat/disegani
2. Tidak bercabang lidah-mengatakan satu hal kepada seseorang dan hal yang berbeda kepada orang yang lainnya.
3. Tidak gemar pada anggur-atau bergantung pada alkohol
4. Tidak tamak/serakah akan uang
5. Sanggup mempertahankan iman dan menjaga kebenaran
6. Harus teruji dan kedapatan tidak bercela untuk melakukan pekerjannya
7. Memiliki satu istri dan setia
8. Mengatur rumah tangganya dengan baik-menjalankan prinsip-prinsip Kristen

Setiap orang Kristen harus mengadopsi sifat-sifat diaken ini dan melayani Tuhan tidak perduli apakah mereka terpanggil sebagai gembala, guru Sekolah Minggu ataupun hanya sebagai juru bersih gereja.

Peran dari istri diaken juga disinggung oleh Paulus dengan tujuan menunjukkan betapa pentingnya kehidupan rumah tangga dan usaha bersama sebagai tim. Kata-kata 'haruslah ia' dipahami oleh sebagian orang untuk mengindikasikan istri-istri diaken yang seharusnya dipanggil diakoneses. Dalam banyak kasus, istri diaken haruslah:

1. Dihormati/disegani
2. Tidak suka memfitnah atau bergosip, tidak mematikan karakter
3. Sabar dalam Roh
4. Setia dalam segala hal-dapat diandalkan

Pandangan lain mengenai Pemimpin: Orang yang 'Seharusnya' (1 Tim 3:13)

Kepemimpinan yang alkitabiah di dalam gereja sangat penting, namun sayangnya debat mengenai kepemimpinan telah menjadikan orang justru semakin menjauh dari kehendak Allah dan berkonsentrasi kepada pemikiran manusia semata-mata. Ingatlah bahwa di pasal 4:1-3 Paulus memperingatkan bahwa pemikiran manusia sangat bertentangan dengan cara berpikir Allah. Mengapa kita berpikir kita lebih tahu daripada Allah? Jadi para pemimpin- 'ORANG YANG SEHARUSNYA!' 1 Timotius 3:2, 8 dan Titus 1:7 menunjukkan bahwa standar Allah begitu tinggi-namun hal itu dibuatnya demikian dengan sebuah tujuan. Allah menghendaki para pemimpin yang dapat Ia percayai untuk memimpin kawanan domba Allah sesuai pimpinanNya dan bukan pimpinan mereka (1 Petrus 5:1-4 yang didukung lebih lanjut oleh teks ayat 6-9 di dalam konteks kepemimpinan dan teladan pada pemimpin dan penatua)

Kisah Para Rasul 20:17-38 juga menjelaskan pemikiran Paulus mengenai topik ini. Gembala harus memberi makan dan membela kawanan dombanya, dan hal ini hanya dapat diterima apabila para gembala mau belajar dari sang Gembala Agung. Dua pemimpin utama gereja lokal adalah penatua (mereka yang memiliki otoritas rohani di dalam gereja) dan diaken (mereka yang tidak punya otoritas spt penatua tetapi pelayan-pelayan di gereja). Gembala tidak termasuk di dalam bagian ini karena mereka adalah karunia dari Kristus bagi gereja (Ef 4:11)

Organisasi gereja Perjanjian Baru merupakan topik yang sangat vital: Yesus memilih 12 murid untuk menyertai Dia dan untuk berkhotbah; kesebelasnya kemudian memilih satu orang lainnya setelah kematian Yudas; Paulus menetapkan para penatua, Titus dan Timotius untuk meneruskan tugas yang sama. Perhatikanlah bahwa para pemimpin dapat mengharapkan tuntutan yang lebih besar atas tugas mereka oleh karena mereka adalah wakil Allah. Yakobus 3:1 berkata 'didaskalos' (guru-guru) menerima tuntutan berkenaan dengan pengaruh mereka yang besar. Para pemimpin gereja haruslah orang yang rohani yang harus mempetanggungjawabkan pekerjaan dan tindakan-tindakan mereka kepada Allah dan jemaat.

Ini merupakan langkah selanjutnya yang bersesuaian dengan Roma 12 dan 1 Korintus 12-14 dimana Allah telah menetapkan orang-orang tertentu di gereja lokal untuk menggenapkan tujuan-tujuan Allah bagi jemaat-para pemimpin adalah salah satu kelompok tersebut. Jadi apakah yang dimaksdu dengan PEMIMPIN YANG SEHARUSNYA? Daripada kita terjerat di dalam argumentasi mengenai peranan para pemimpin, berikut beberapa prinsip yang harus dilakukan oleh para pemimpin:

1. Mereka harus memberi teladan dalam karater (ayat 2, 7-8) baik di luar maupun di dalam gereja! 'mengatasi celaan' yang berarti tanpa cela di dalam komunitas, dengan kata lain harus memiliki reputasi yang baik.

Apa yang orang perhatikan yang nampak keluar dari kita sangatlah penting, mengingat posisi dari para pemimpin (penatua maupun diaken) mendatangkan perhatian yang lebih cermat karena orang mengasosiasikan keberadaan gereja dengan para pemimpinnya.

Para pemimpin Kristen harus setia dalam rumah tangganya, juga dalam relasinya dengan teman, rekan sekerja dan keluarganya. Ini menuntut rasa hormat karena posisinya di dalam Kristus. Hal ini juga harus diraih dengan penggunaan otoritas dan pengontrolan kehendak pribadi secara benar, secara khusus pengendalian lidah, gosip sama sekali tidak boleh ada dalam kehidupan para pemimpin. Gosip dapat menimbulkan masalah dan pertengkaran atau kata-kata dan tindakan yang merusak tidak boleh menjadi bagian dalam pelayanan para pemimpin. Pemimpin harus menjadi orang yang tanpa cacat-apakah saudara masih ingin menjadi penatua/diaken?

2. Berkarakter rohani (ayat 2, 5, 6) Baik penatua maupun diaken haruslah berorientasi pada hal-hal rohani (Kis 6:3), namun ada masalah utama yang memisahkan penatua dengan diaken. Pada ayat 2 dikatakan penatua haruslah 'cakap mengajar' maksudnya mereka harus memahami seluk beluk kerajaan Allah dan mampu mengajarkannya dengan cara-cara yang mudah dipahami dan bermanfaat baik secara umum maupun pribadi.

   Seorang diaken tidak diharapkan untuk berkhotbah/mengajar-tetapi beberapa dari mereka bisa melakukannya, dan yang lainnya yang tidak memiliki jabatan harus didorong untuk terlibat dalam pelayanan; sementara penatua memang diharapkan mampu mengajar umat, dan ketika terdapat situasi dimana gembala tidak ada mereka harus mengambil alih kepemimpinan rohani dalam hal mengajarkan doktrin yang benar dalam pelayanan. Perhatikan bahwa (ayat 6) petobat baru tidak boleh menjabat sebagai penatua mengingat kurangnya pemahaman dan kuasa yang. Lebih lagi, sebagaimana dikatakan dalam ayat 10 kita melihat diaken harus membuktikan diri mereka sendiri sebelum diserahi jabatan tersebut.

3. Mengakui ketuhaan Kristus (ayat 16). Semua masalah kepemimpinan akan mudah ditangani apabila sentiment terhadap ayat 16 diterima-Kristus adalah kepala gereja dan kita sekalian hanyalah hamba dari Allah yang hidup itu.

Orang yang tidak tepat yang berada di kepemimpinan telah menyebabkan banyak masalah di gereja, tetapi sebenarnya hal ini tidak akan terjadi jika kita mengikuti pola Alkitab dan Allah akan memberkati gerejaNya.

Organisasi Gereja

Sebagian besar gereja diorganisaasikan oleh gembala, penatua dan diaken (biasanya termasuk bendahara dan sekretaris). Orang-orang ini adalah mereka yang dipercaya menghadapi masalah dalam gereja dari hari ke hari. Secara umum gembala dan penatua lebih memperhatikan hal-hal rohani sementara diaken lebih kepada hal-hal praktis. Di beberapa negara ada majelis yang bertanggung jawab mengurusi masalah keuangan secara khusus yng harus penjamin 'hutang' apapun yang dimiliki oleh gereja.

Pejabat-pejabat utama gereja harus memenuhi standar yang ditetapkan oleh Alkitab, ingatlah bahwa:

1. Gembala adalah karunia Kristus bagi gereja (Ef 4:11) yang dipanggil dan diperlengkapi oleh Allah untuk melakukan pekerjaanNya (Ef 4:12).
2. Penatua harus memenuhi kualifikasi yang didaftarkan dalam 1 Timotius 3, Titus 1 dan 1 Petrus 5; Kualifikasi-kualifikasi tersebut sangatlah tegas dan harus dipenuhi demi mencapai keserupaan gereja dengan Ilahi.
3. Diaken (kemungkina termasuk bendahara dan sekretaris) memiliki kualifikasi seperti yang terdaftar dalam 1 Timotius 3.
4. Bagaimana dengan para pemimpin pemuda, guru-guru Sekolah Minggu dll.? Sekalipun tidak ada 'kualifikasi' khusus bagi mereka namun kita harus mengingat bahwa semua posisi tersebut menuntut komitmen dan karakter Kristen yang sejati. Pada intinya kita semua dipanggil untuk menjadi 'garam' dan 'terang' dan karena itu wajib berusaha sedapat mungkin untuk memenuhi standar rohani tersebut.

Dalam bidang ini kita harus menyadari bahwa otoritas dalam kehidupan di gereja pertama-tama dan terutama adalah kerohanian. Ingatlah bahwa kita ini merupakan komunitas rohani, karenanya gembala dan penatua memegang tanggung jawab tertinggi untuk mengambil semua keputusan di gereja. Pelayan-pelayan yang lain mendampingi pembuatan keputusan yang dilakukan oleh 'pemimpin rohani' (Kis 6:1-7)

Tiga Tipe Utama Organisasi Gereja

1. Episkopal – gereja dikepalai oleh bishop
   Bahasa Yunani 'episkopos' berarti 'penilik' (Kis 20:28, Fil 1:1, 1 Tim 3:2)
   Bahasa Yunani 'presbuteros' berarti 'penatua' (Kis 20:1728)
   Lembaga yang dijalankan secara demikian adalah Roma Katolik, Gereja Inggris dan beberapa Gereja Metodis.
2. Presbiterian – gereja dikepalai oleh presbiteros atau majelis/penatua (Kis 15, Konsili Yerusalem adalah standar yang dipakai di sini, juga 1 Tim 4:14). Dua macam penatua yang juga resbitorus:
   a). Penatua pengambil keputusan – kemungkinan orang awam
   b). Penatua pengajar – gembala/rohaniawan – kemungkinan digaji
   Lembaga yang dijalankan secara demikian adalah Gereja Presbiterian dan Reform
3. Kongregasional – gereja yang dijalankan secara independen berdasarkan otonomi gereja lokal.
   Bahasa Yunani 'ekklesia' berarti tubuh orang percaya yang sangat luas, yang berkumpul bersama di sebuah persekutuan lokal. Model ini muncul di bawah gerakan Puritan pada abad ke-17 di Inggris.
   Lembaga yang dijalankan secara demikian adalah Gereja Kongregasional, Babtis, Gereja Persaudaraan, Gereja Sidang Jemaat Allah.

1 Timotius Pasal 4: Disiplin yang Baik

Ayat 1-5 Kemurtadan adalah penolakan secara sengaja terhadap iman setelah pernyataan iman yang mula-mula. Pada bagian ini para pembaca diperingatkan tentang orang-orang yang berpotensi dipengaruhi oleh doktrin-doktrin yang sesat, misalnya i) larangan menikah; ii) berpantang terhadap makanan-makanan tertentu.

Sangat penting supaya setiap orang Kristen diperlengkapi secara benar supaya mampu menghadapi pengajaran palsu di dalam gereja. Efesus 6 menjelaskan seluruh perlengkapan senjata Allah yang menjadi solusi bagi kita. Gembala merupakan figur kunci dalam pemberian teladan akan langkah rohani yang benar.

Latihan: Bagaimana pemahaman saudara tentang peran/tugas gembala? Pakailah beberapa menit untuk menuliskan pemikiran-pemikiran saudara dan kata-kata kunci yang menjelaskan apa yang saudara rasakan berkaitan dengan pelayanan penggembalaan.

Ayat 6-16 Peran/tugas Gembala:

1. Berkhotbah untuk mencegah kemurtadan
2. Mengajarkan doktrin yang benar
3. Berdisiplin dalam hidup
4. Harus mengajar, bukan hanya sekedar menganjurkan/mendorong
5. Menjadi teladan dalam segala hal:
   - i) Perkataan
   - ii) Perbuatan
   - iii) Kasih
   - iv) Iman
   - v) Kesucian
6. Alkitab haruslah menjadi pusat

PERTANYAAN:

Bagaimanakah supaya hal-hal yang telah didaftarkan diatas terjadi secara lebih efektif dalam hidup dan pelayanan sudara? Jawaban terhadap pertanyaan ini sangat bergantung pada pemaham saudara mengenai pelayanan pastoral.

1. Apa yang saudara pertimbangkan berkaitan dengan pelayanan pastoral?
2. Bagaimana saudara mengusahakan pelayanan masa depan saudara?

Ambillah waktu beberapa saat untuk memikirkan masalah ini dari sudut pandangmu/situasi yang saudara hadapi

Ayat 15 Meditasi/usahakanlah. Ini berarti sungguh-sungguh melekat pada perkara-perkara rohani yng merupakan jantung dari pelayanan Kristen. Ada beberapa isu penting dimana setiap individu dapat terlibat di dalamnya. Hal ini akan mendatangkan dampak yang besar bagi orang lain sebagaimana mereka melihat iman dan kharakter sejati yang ada dalam hidup saudara.

Ayat 16 Perhatikan dengan seksama, pastikan untuk tidak membiarkan standar itu terperangkap dalam istilah-istilah:

   i)   Kerohanianmu sendiri
   ii)   Ajaranmu
   iii)   Keteguhan/ketetapanmu
   iv)   keselamatanmu

Meditasi pribadi gembala adalah hal yang sangat penting, pertama-tama dan terutama karena gembala adalah murid Yesus Kristus yang seharusnya menjadi seorang Kristen yang teguh/berkomitmen melakukan berbagai hal/cara yang mendatangkan kasih karunia yang disediakan Allah. Gembalalah yang seharusnya memberikan teladan sehingga ia bisa mengharapkan jemaatnya mengikutinya dan bertumbuh dalam perkara-perkara rohani.

1 Timotius Pasal 5: Janda dan Penatua

Ayat 1-16 Disini Paulus berhadapan dengan masalah perhatian terhadap para janda di gereja lokal; yang merupakan masalah di dunia kuno.

1. Para janda diabaikan dan dibiarkan meninggal dalam kesendirian.
2. Penulis mengingatkan tanggung jawab perorangan terhadap kemanusiaan
3. Aspek sosial dari Injil
4. Juga pertolongan yang memungkinkan untuk mendapatkan suami lain.

Gereja mula-mula diperhadapkan dengan isu pelayanan praktis dan sosial dari bentuknya yang semula sebagaimana tercatat dalam Kisah Para Rasul 6:1-8. Ada perhatian praktis terhadap kebutuhan sehari-hari para janda di masyarakat; mereka tidak mempunyai akses mendapatkan bantuan pemerintah. Sama halnya dengan yang terjadi di banyak tempat dimana gereja harus mengambil langkah praktis untuk memenuhi kebutuhan sehari-hari orang-orang yang terabaikan. Makanan/kebutuhan pokok dibagi-bagikan oleh komunitas orang percaya demi menolong orang-orang buangan dalam masyarakat.

Keterlibatan seseorang dalam pelayanan Injil sosial sangat penting. Gereja harus memiliki kepekaan sosial dan terlibat dalam berbagai cara dalam menanggapi isu-isu sosial tersebut. Sekedar mengatakan kepada orang yang sedang kelaparan bahwa Yesus megasihinya bukanlah contoh yang baik; benar bahwa laki-laki tersebut memerlukan keselamatan tetapi yang mendesak yang sangat ia perlukan adalah mendapatkan makanan. Yakobus mengingatkan para pembacanya mengenai tanggung jawab ini dalam Yakobus 2:14-26. Pekerjaan yang baik tidak mendatangkan keselamatan melainkan dampak yang natural yang muncul dari hati yang telah diubahkan oleh Injil.

Latihan: Perhatikan seting gereja lokal saudara; kebutuhan sosial apa yang saudara lihat dalam masyarakat? Tindakan apa yang akan saudara ambil, sebagai komunitas gereja, untuk mengatasi situasi tersebut?

Ayat 17-25 Penatua:

1. Sama halnya dengan bishop yang dijelaskan dalam pasal 3
2. Bantuan finansial bagi pelayanan mereka sangat direkomendasikan (apakah mereka ini dianggap sebagai gembala penuh waktu?)
3. Ayat 20. Pemimpin siapapun yang telah melakukan dosa harus siap menerima teguran/kemarahan jemaat. Gereja harus murni dan pemimpinnya adalah teladan dan ukuran bagi gereja-jika para pemimin gagal maka gereja, Injil dan Tuhan akan terseret keluar dari kasih karunia.

Ayat 23 Ini merupakan nasehat personal bagi Timotius yang kemungkinan besar adalah hasil konsultasi dengan Lukas, yang adalah teman seperjalanan penulis. Timotius adalah seorang pemalu dan pada bagian ini kita dapat melihat ia mempunyai beberapa keluhan tentang masalah perut-mungkin bisul yang diakibatkan stress dalam kepemimpinan. Paulus menyoroti sanitasi yang buruk dan kekurangan air minum yang bersih dan karenanya ia menginjinkan Timotius meminum sedikit anggur untuk kepentingan pengobatan. Banyak yang memakai teks ini sebagai pendukung dibolehkannya mengasumsi alkohol; waspadalah terhadap eisegeses, yaitu mengambil teks tertentu untuk mendukung hasrat/kepentingan pribadi saudara. Alkohol merupakan candu yang serius dan mengakibatkan banyak masalah bagi kesehatan dan kehidupan keluarga. Itulah sebabnya Paulus memperingatkan jemaat Efesus dalam efesus 5:18 untuk menghindari kemabukan karena dapat menyeret mereka kepada segala bentuk penyelewengan dan amoralitas yang menumpulkan seluruh perasaan dan menjadikan seseorang melakukan kebiasaan-kebiasaan yang tidak terpuji. Kejadian 9:20-29 Nuh bertindak tidak senonoh akibat dari mabuk anggur; Kejadian 20:30-38 Lot dilecehkan oleh anak-anak perempuannya sendiri akibat dari mabuk anggur juga. (Ams. 20:1; 23:20-21, 29-35)

Jadi mengapa Paulus merekomendasikan meminum sedikit anggur? Saya percaya pada bagian ini kita diperhadapkan pada 3 isu penting berkenaan dengan sakit, kesehatan dan penyembuhan:

1. Orang Kristen tidak bebas dari penyakit 2 Tim. 4:20
2. Obat ada dan memberi manfaat Kol. 4:14, Lukas dikenal sebagai 'tabib yang baik' dan menemani perjalanan Paulus.
3. Ada 2 jawaban terhadap penyakit baik dari sisi natural maupun rohani Yak. 5:14

Ada banyak debat mengenai peran kesembuhan ilahi atau mujizat kesembuhan di gereja abad ke-21 ini; banyak yang menolak peran tersebut. Bagaimanapun dari sisi narasi Alkitabiah, seseorang diperhadapkan pada Allah yang menyembuhkan baik pada masa PL ataupun PB terkait dengan pengalaman kesembuhan seseorang. Kesembuhan ilahi atau restorasi merupakan aspek terpenting tapi sekalipun demikian siapapun seharusnya tidak pernah mengabaikan kemungkinan Allah yang Mahakuasa yang dapat memilih untuk menyembuhkan siapapun jika itu sesuai dengan kedaulatan kehendakNya. Orang Kristen tidak boleh menuntut atau mengharapkan kesembuhan tetapi haruslah mencari kehendak Allah bagi kesehatan fisik dan segenap keberadaannya dan menyerahkan pemeliharaan kesehatan fisiknya sebagaimana kerohaniannya kepada Tuhan.

1 Timotius Pasal 6: Perintah kepada Para Pelayan

Ini adalah pasal yang penting bagi pemahaman tentang peran gembala di jemaat lokal; pasal ini menyediakan gambaran yang menarik tentang sikap yang harus dimiliki oleh gembala baik kepada dirinya sendiri maupun kepada jemaatnya.

Ayat 1 'dibawah perbudakan ini adalah gambaran tentang binatang yang dipekerjakan untuk membajak sawah; yang mengilustrasikan relasi orang Kristen dengan tuannya. Penghambaan adalah kunci prinsip-prinsip alkitabiah dan gembala/pemimpin gereja harus memimpin dengan hati hamba. Setiap anggota tubuh terlibat pelayanan dengan berbagai aspek yang berbeda-beda, namun semua hanyalah hamba (diaken) yang kepadanya Allah mempercayakan pelayanan khusus (1 Kor 12; Rom 12:4-13). Ada keindahan di dalam keperbedaan umat Allah dan seharusnya setiap anggota saling melengkapi demi pelebaran Kerajaan Allah.

Ayat 2 'mengajar dan berkhotbah' Seluruh isi surat ini haruslah diajarkan, mengingat ada banyak kebenaran yang terkandung di dalamnya. Gembala yang mampu dan dapat dipercaya harus mengkhotbahkannya kepada seluruh sidang jemaat (Kis 20:17-35 khususnya ps 20:27 dan 31-32). Di dalam pelayanan, sangatlah vital bagi gembala untuk mendedikasikan waktunya mendalami alkitab dan berdoa bagi pembangunan tubuh Kristus (Ef 4:12).

Ayat 3 Sekali lagi Paulus menyatakan keprihatinannya terhadap pengajaran palsu yang menyesatkan gereja; sebagai gembala, perhatian saudara haruslah dicurahkan sepenuhnya bagi gereja yang saudara layani. Gembala yang benar memperhatikan kawanan dombanya dengan menyediakan makanan yang baik (pelayanan alkitab) dan dengan menjaganya terhadap siapapun (guru-guru palsu) yang ingin mencelakakan domba-domba. Lawan dari doktrin yang sesat adalah kebenaran yang hanya ada di dalam Yesus Kristus. Pemimpin gereja/gembala haruslah seseorang yang sangat menguasai doktrin alkitab supaya dapat mengenali ajaran yang sesat yang tak terelakkan dan mempengaruhi jemaat lokal.

Perhatikan secara seksama sumber dari ajaran sesat tersebut-yaitu orang-orang Kristen sendiri (Kis 20:29-30). Sangat penting bagi pemimpin gereja/gembala untuk memperhatikan trend masyarakat, tidak semua yang baru itu baik dan gembala juga harus mengenali masalah-masalah kekinian yang muncul. Demikian juga dalam pemahaman teologia, saudara harus yakin bahwa saudara tidak sekedar menerima segala sesuatu yang baru sebagai sesuatu yang pasti baik-ujilah segala sesuatu berdasarkan Firman Tuhan; namun bersiaplah juga untuk menantang tradisi. Perhatikanlah perbedaan antara tradisi-tradisi yang alkitabiah yang tidak boleh kita rubah dan tradisi-tradisi yang dibuat-buat oleh manusia.

PERTANYAAN:

Seberapa banyak waktu yang saudara berikan untuk:

1. Renungan pribadi & belajar?
2. Belajar mempersiapkan pelayanan?

Berhati-hatilah supaya studi akademis saudara tidak menghalangi usaha saudara untuk bertumbuh dalam kasih karunia Kristus.

Ayat 6 Kesalehan atau kesucian dalam pengalaman keagamaan atau kehidupan yang baik dan kudus; merupakan elemen penting dalam kehidupan Kristen. Gembala haruslah penuh dan puas dalam hidupnya, tidak mencari popularitas keuntungan diri tetapi semata-mata hanya untuk menyenangkan Allah yang ia layani.

Ayat 7 Mengingatkan pembaca bahwa mereka tidak akan membawa apapun ketika meninggal jadi mengapa harus menghabiskan waktu dan usaha untuk mengumpulkan harta duniawi. Sebaliknya mereka harus berkonsentrasi kepada kehidupan kekal dan keberadaan yang ilahi yang akan membawa kepada kepuasan tertinggi.

Ayat 8 Makanan & Pakaian: kebutuhan dasar dalam hidup seharusnya sudah cukup memuaskan gembala karena ia harus lebih memfokuskan diri pada aktifitas yang lebih penting daripada perkara-perkara duniawi (Kis 3:1-10; Fil 4:10-20)

Seorang gembala sebaiknya tidak pernah:

i)   Cemburu kepada orang lain
ii)   Mengingini milik orang lain

Ayat 10 'Cinta Uang' adalah akar dari segala kejahatan. Masalahnya bukan terletak pada uang! Hasrat untuk memanfaatkan pelayanan atau sekedar menuntut kenyamanan hidup dapat menimbulkan berbagai masalah (ayat 17). Disini kita diingatkan tentang masalah dari dalam diri kita yaitu usaha untuk eailayani dua tuan (Mat 6:24). Demi memperoleh pandangan yang tepat mengenai materi maka gembala harus selalu memandang tuannya yang telah memberinya teladan (Fil 2:5-8).

Ayat 11 Karakteristik manusia Allah- Ini merupakan topik yang sangat penting bagi semua pemimpin gereja dan para gembala.

1. Kejarlah kebenaran, keadilan dan yang lurus dalam hubungan dengan manusia lain
2. Kesalehan. Keseuaian dengan gambaran Allah dan pikiran Kristus dalam kehidupan yang baik dan suci.

3. Iman kepada Yesus, dan kepada segala Firman yang telah diucapkanNya; kesetiaan pada karunia yang telah kita terima, dan pelayanan yang dipercayakan kepada kita.
4. Mengasihi Allah dan semua orang.
5. Ketekunan dan kesabaran dalam pencobaan dan penderitaan.
6. Kelemahlembutan; bertahan dengan pikiran yang tenang dibawah berbagai kesengsaraan dan pertentangan.

Ambillah waktu untuk menguji arti dari Firman tersebut dan pahami hubungannya dengan pengalaman hidup sehari-hari saudara sebagai orang Kristen dan sebagai calon pemimpin di gereja lokal. Galatia 5:22-23 memberikan ringkasan yang sangat menolong tentang karakteristik-karakteristik tersebut.

Ayat 20 Ini merupakan permintaan pribadi terakhir dari penulis kepada Timotius; betapa beruntungnya memiliki seseorang yang berpengalaman yang membimbing kita melewati kesukaran-kesukaran yang kita temui dalam pelayanan. Nasehat dari orang yang lebih tua dan berpengalaman dan orang-orang saleh akan menolong kita mencegah masalah-masalah yang bisa muncul dalam pelayanan kita.

Saya percaya bahwa isi dari 1 Timotius sangat bermanfaat bagi siapapun yang terlibat dalam pelayanan Kristen; Sangat baik juga apabila kita berhenti pada titik ini dan merenungkan panggilan saudara untuk melayani; ini adalah isu yang sangat serius dan juga penting bagi komunitas dimana saudara tinggal.

Latihan: Ambillah waktu untuk merefleksikan panggilan saudara untuk melayani baik sebagai gembala penuh waktu atau melayani jemaat lokal dalam posisi 'kaum awam'. Berikut ini adalah beberapa isu dan tantangan yang akan saudara hadapi di dalam perjalanan pribadi saudara mengiring Allah dan memimpin jemaat yang saudara layani.

Jika belakangan ini saudara melaksanakan tugas penggembalaan atau baru sebuah rencana, harap memberikan perhatian yang serius kepada panggilan Allah ini; pelayanan penggembalaan adalah tugas yang serius dan tidak boleh dianggap remeh. Dan apabila saudara yakin Allah memanggil saudara maka percayalah bahwa Ia akan melengkapi dan mendukung pelayanan penggembalaan saudara tak peduli apakah dunia, kedagingan atau iblis mencoba menghalangi langkah saudara.

2 Timotius: Pesan Terakhir Paulus

Ayat Kunci: 2 Tim 1:13-14

- **Pasal 1**
  - Salam 1:1-2
  - Iman Timotius 1:3-7
  - Panggilan Allah 1:8-12
  - Kesetiaan Iman 1:13-18
- **Pasal 2**
  - Kuat dalam kasih karunia 2:1-13
  - Pekerja-pekerja Allah 2:14-26
- **Pasal 3**
  - Masa yang mengerikan 3:1-9
  - Manusia Allah 3:10-15
  - Firman Allah 3:16-17
- **Pasal 4**
  - Mengkhotbahkan Firman 4:1-5
  - Pidato perpisahan Paulus 4:6-8
  - Pesan pribadi 4:9-22

Pendahuluan

'Peganglah segala sesuatu yang telah engkau dengar dari padaku sebagai contoh ajaran yang sehat dan lakukanlah itu dalam iman dan kasih dalam Kristus Yesus. Peliharalah harta yang indah, yang telah dipercayakanNya kepada kita, oleh Roh Kudus yang diam di dalam kita.' (2 Timotius 1:13-14).

- Paulus menulis lagi kepada Timotius pesan-pesan yang lebih praktis dan permohonan pribadi sebelum kematian rasul tersebut.
- Kemungkinan besar ditulis dari penjara di Roma, tahun 65-68 M; Ini adalah pesan terakhir Paulus yang tercatat.
- Timotius berada di Efesus dan kemungkinan surat ini dibawa oleh Titikus (4:12)
- Sekalipun surat ini sarat dengan kesedihan, seseorang masih dapat merasakan sukacita Paulus karena kemenangan yang ia dapat di dalam Tuhan. Paulus menyadari bahwa sudah tidak ada harapan di dalam penderitaannya tetapi ia meyakini kemenangan yang datangnya dari Tuhan. Karena itu ia menulis seandainya ia tidak akan bertemu dengan teman baiknya, Timotius lagi.
- Tujuan utama Paulus menulis surat ini adalah untuk memastikan Timotius memahami doktrin (ajaran kerasulan) yang benar, dan untuk mendorong Timotius supaya rajin dalam imannya.

Tema-tema Utama

1. Dorongan/penguatan
2. Persiapan menghadapi ajaran-ajaran sesat
3. Kebutuhan untuk memberikan teladan bagi umat/jemaat

Pada pasal 2, Paulus menyampaikan kepada Timotius, supaya ia:

- Bertahan dalam penderitaan
- Bekerja keras dan setia layaknya prajurit
- Memiliki kedisiplinan seorang atlet
- Bekerja keras seperti petani

Kesetiaan kepada Tuhan adalah kunci meraih sukses (4:7), ini sangat penting demi tujuan:

1. Tetap setia kepada Injil
2. Peringatan untuk melawan masa-masa yang sukar
3. Melatih orang untuk meneruskan iman
4. Menyatakan kebenaran

Sebagai pelayan Injil maka Timotius haruslah:

a. Berperilaku baik (2:22-25)
b. Peringatan untuk melawan guru-guru palsu (2:11-14, 3:1-9)
c. Menghindari kebodohan/nafsu orang muda (2:23)
d. Berpegang teguh pada kebenaran (3:14-17, 4:2)

e. Memiliki keyakinan kepada Tuhan-Yang akan berkuasa (4:1)

Menjelang saat-saat terakhir kehidupan dan pelayanan rasul Paulus, kita melihat kerinduan terbesarnya yaitu memastikan bahwa Injil yang ia telah proklamirkan tanpa lelah akan diteruskan kepada banyak orang dan Timotius haruslah setia pada tugas dan panggilannya tersebut.

Apakah kerinduan terbesar saudara?

2 Timotius Pasal 1

Ayat 1 Disini disampaikan salam yang bersifat pribadi kepada seorang teman sejati dan penolong dalam tugas penginjilan. Ini merupakan komunikasi terakhir rasul Paulus yang tercatat; perhatikan disini rasul Paulus mengatakan dirinya sebagai 'seorang rasul' oleh 'kehendak Allah. Kita tidak boleh menjadikan diri kita sendiri 'sesuatu' namun panggilan kita datang dari Tuhan oleh karena kasih karunia.

Apakah itu 'rasul'? Rasul adalah 'seseorang yang ditugasi sebuah mandate dan otoritas'

Ayat 3 Paulus bersyukur kepada Allah. Apakah saudara adalah seorang pelayan yang senantiasa bersyukur? Apakah saudara melayani dengan bahagia?

Doa yang terus-menerus; apakah saudara senantiasa berdoa?

Ayat 4 Di ayat ini kita melihat emosi manusia Allah yang hebat; sebagaimana Yesus yang dicatat di dalam Yohanes 11:35, tidak ada yang salah dengan emosi.

Ayat 5 Di ayat ini kita melihat pentingnya didikan yang alkitabiah dari keluarga. Teladan seperti apakah yang saudara berikan kepada keluarga? 'tulus' dapat berarti murni; Iman yang dimiliki oleh keluarga Timotius adalah iman yang menular, yang diwariskan dari generasi ke genarasi. Mewariskan iman kita kepada anak-anak akan memberikan kepada mereka dasar hidup yang baik. Apakah saudara bersungguh-sungguh memelihara standar hidup yang baik di dalam keluarga saudara?

Ayat 6 Sekalipun Timotius memiliki latar belakang yang baik, anugerahlah yang memungkinkan seseorang layak untuk terlibat di dalam pelayanan.

Timotius berkewajiban mengelola karunia Allah-untuk mempertahankan semangatnya menyala demi pekerjaan dan pelayanan yang diberikan kepadanya. Karunia yang dimaksudkan disini kemungkinan adalah karunia untuk menggembalakan (Ef 4:11); ini merupakan karunia rohani untuk memberkati seluruh jemaat. Gembala adalah hadiah/karunia bagi gereja yang memiliki tanggung jawab mempertahankan supaya gereja terus berfungsi (2Tim 4:5). Timotius adalah seorang gembala, namun pelayananya juga meliputi aspek-aspek lain seperti penginjilan yang merupakan jantung gereja.

Ayat 7 Timotius tidak cukup percaya diri, ia adalah laki-laki pemalu (1 Kor 16:10; 1 Tim 4:12). Ia masih muda, kurang berpengalaman, pemalu namun sekalipun, Allah memberikan kekuatan dan kuasa kepadanya untuk melakukan tugas pelayanannya. Jangan pernah menangani masalah berdasarkan pemikiran akan besarnya masalah tersebut, melainkan betapa besarnya Allah yang kita miliki.

Ayat 8 Pada saat Paulus menulis kepada Timotius, Paulus dalam keadaan terpenjara, kemungkinan di Roma; Kita harus rela menolong setiap orang percaya yang sedang berada di dalam situasi yang sulit seperti ini (Gal 6:10; Filemon 1:7).

PERTANYAAN

Dengan cara bagaimana saudara menolong orang lain dalam pelayanan saudara?

Bagaimana Injil disebarluarkan melalui keterlibatan sosial?

Ayat 11 Penjelasan diri Paulus; pengkhotbah, rasul; pengajar Injil

> Berkhotbah-ini adalah pelayanannya yang bersifat umum
> Mengajar-ini pelayanannya yang lebih bersifat khusus
> Rasul-melakukan perjalanan keliling

Sangat penting untuk yakin akan peran yang Allah berikan dalam panggilan saudara dan tetap memegang erat tugas tersebut sekalipun keadaan menjadi semakin sulit (ayat 16-18 Onesiforus adalah pekerja keras yang pantang menyerah).

Ayat 12 Saya terdesak/aku tahu. Saya tetap yakin bahwa Allah mengontrol setiap hari. Paulus mengetahui setiap orang yang menghadapi penghakiman, dan sangat percaya kepada Allah atas pemeliharaan jiwanya dalam kekekalan kelak, jiwa yang telah ia serahkan kepada Allah saat pertobatannya. Saat Paulus menghadapi minggu terakhir masa hidupnya ia telah memiliki keyakinan kepada kehendak Allah yang berdaulat yang akan menjaganya menjalani penderitaan di bumi dan memimpinnya kepada hadiah/upah yang kekal.

Ayat 13-14 Ini adalah ajaran-ajaran yang esensial bagi gembala muda: kata-kata yang tegas, iman dan kasih. Memperdalam pengetahuan kita akan Firman Tuhan akan menolong kita memperkuat iman dan kasih kita dan akan membuat kita makin serupa seperti Kristus. Bagaimana kita memandang Injil akan sangat berpengaruh terhadap bagaimana kita memperlakukannya; Paulus percaya bahwa Injil adalah 'harta' yang sangat bernilai yang harus dijaga dengan sungguh-sungguh.

Pertanyaan: Bagaimana pandangan saudara terhadap Injil? Apakah saudara menganggapnya sebagai harta yang istimewa yang harus saudara jaga dan lindungi dari para pengajar sesat dan meneruskannya kepada orang lain sebagai hadiah yang istimewa?

Ayat 16-18 Selalu ada orang-orang di sekitar yang menolong para pengkhotbah dan misionaris dalam menangani masalah-masalah praktis; keramahan diberikan kepada para murid dan hal tersebut merupakan aspek penting dari aktifitas komunitas orang percaya. Ada kemungkinan Onesiporus adalah penduduk Efesus, anggota jemaat yang melakukan perjalanan ke Roma-kemungkinan perjalanan bisnis-dan singgah untuk mencari Paulus yang sedang berada dalam penawanan. Ia tidak memperdulikan keselamatan dirinya sendiri demi memastikan keadaan sang rasul.

Timotius Pasal 2: Prajurit Yang Baik

Ayat 1 'Anakku' Timotius bukanlah anak biologis Paulus namun anak rohani.

Sebagaimana Timotius yang dinasehati supaya menjadi kuat, kita juga harus kuat-bukan dengan kekuatan kita sendiri namun semata-mata dari Tuhan melalui kasih karuniaNya. Kemampuan kita datang dari Kristus (Fil 4:13).

Ayat 2 Seperti Timotius, kita juga memiliki tanggung jawab untuk melaksanakan tugas mengajarkan pesan Alkitab.

'meyakini' berarti menjalankan, seperti deposito yang dimasukkan ke dalam rekening saudara. Kita harus menjaga deposito tersebut (1:14). Setiap gembala harus memperhatikan dengan sungguh-sungguh dengan Injil yang mereka bawa. Pesan Injil bisa dengan begitu mudah diselewengkan dan menjadi sekedar kata-kata manusia- alasan utama mengapa Paulus menulis surat pastoral adalah untuk mencegah hal ini-menjauhkan filsafat manusia dan berfokus hanya kepada Firman Allah.

i. Kita harus rajin belajar dengan tujuan meneruskan tongkat estafet kepada orang lain.
ii. Kita harus setia dalam mempelajari kebenaran.
iii. Kita harus menemukan orang setia lainnya yang kepadanya kita dapat mempercayakan harta yang istimewa yaitu Injil.
iv. Kita harus mencari pemimpin-pemimpin dan memerispkan diri untuk mementori, membimbing, menolong, mengajar dan menyiapkan mereka bagi tanggung jawab kepemimpinan yang demikian besar

Perencanaan yang berhasil sangat penting di dalam gereja lokal; siapa yang akan meneruskan pekerjaan/pelayanan saudara ketika saudara mengakhirinya? Isu-isu yang besar dalam kepemimpinan dapat dihindari jika diberikan cukup tempat bagi perencanaan dan persiapan generasi pemimpin selanjutnya. Kepemimpinan yang alkitabiah harus bersifat proaktif dan tidak reaktif. Para pemimpin harus mencari solusi atas berbagai masalah sebelum benar-benar terjadi; pemimpin yang reaksional cenderung membiarkan penyelesaian yang tidak tuntas berkaitan dengan masalah yang timbul dan kadang itu sudah sangat terlambat. Dan jika pemimpin yang ada adalah seseorang yang reaksional ada kemungkinan gereja menjadi tidak mengerti visi pemimpin bagi jemaat karena tidak terencana dengan baik. Pemimpin yang demikian menggambarkan kurang keseriusan maksud dan rencana positif yang strategis. Visi dan perencanaan berjalan bersama-sama, jika pemimpin memiliki visi yang kuat maka ia harus menyampaikannya kepada seluruh komunitas gereja untuk mengurangi keluhan, masalah, isu-isu dan keputusan-keptusan yang mendadak diambil oleh pemimpin yang reaksional tersebut.

Ayat 8 Pada bagian ini dibahas sisi yang berbeda dari Injil-kebangkitan. Jika kebangkitan ditolak maka tidak ada lagi kuasa Kristus yang menang atas dosa dan kematian; namun luar biasanya adalah bahwa sejak permulaan Injil, kebangkitan telah ditolak oleh beberapa orang (Mat 28:11-15; Rom 1:1-4).

Ayat 10 Dibalik semua masalah, iman kita kepada Kristus akan layak hingga akhirnya, sebagaimana gol atau hadiah dari iman kita adalah keselamatan yang kita peroleh.

Ayat 3-13 Paulus telah menemukan kepuasan hidup, jadi demikian juga kita sekalipun:

a. Menderita ayat 3; masa-masa menderita selama pelayanan
b. Menghamba ayat 6; harus bekerja keras dan kelelahan
c. Masalah ayat 9; mengalami kesengsaraan, masalah-masalah yang berat
d. Terikat ayat 9; terpenjara

Ini merupakan aspek dari Injil yang ditolak oleh kebanyakan orang, oleh karena itu bukan pesan yang populer; tapi bagaimanapun semua itu adalah bagian yang tak terelakkan dari pengalaman Injil secara khusus bagi para pemimpin Kristen. Pada bagian ini Paulus menunjuk beberapa orang yang berbeda dan pengalaman pelayanan mereka dan baru kemudian Paulus menggambarkan pelayanan Kristen yang sebenarnya.

Ayat 3 Prajurit; benar-benar berkonsentrasi kepada perintah pemimpin mereka; demikian juga para pelayan yang melayani Tuhan seharusnya berkonsentrasi kepada perintah sang Tuan.

Ayat 5 Atlet; harus berlatih dan mengikuti aturan-aturan; tidak ada jalan pintas menuju sukses; para pelayan harus senantiasa berjalan melewati jalan yang sempit yang membawa kepada hidup yang memberi teladan bagi orang lain, yang menarik orang untuk datang dan jemaat untuk bertumbuh.

Ayat 6 Petani; kerja keras adalah lambang kehidupan petani yang baik; jika mereka ingin menghasilkan panen yang melimpah dan manfaat dari hasil panennya maka mereka harus harus memberikan waktu dan bekerja keras mempersiapkan tanah sebelum ditanami; merawat ketika tanaman itu bertumbuh dan tetap bekerja pada masa panen. Bagi para pelayan, ada berbagai tahapan yang harus dilalui untuk mencapai kesuksesan dalam pelayanan. Yang pertama adalah belajar Firman Allah dengan serius dan tekun. Kedua menabur benih Firman tersebut di masyarakat i) membangun jemaat ii) mengundang orang lain untuk percaya kepada Injil. Yang ketiga memperhatikan kebutuhan jemaat supaya mereka kerohanian mereka bertumbuh dengan baik dan menghasilkan buah; Ingatlah Efesus 4:12 yang menyatakan tentang peran/tugas para pemimpin yaitu melengkapi jemaat supaya lebih terlibat dalam pelayanan. Gereja tidk seharusnya menjadi ajang 'pertunjukan satu orang' saja melainkan melakukan fungsinya sebagai satu kesatuan tubuh Kristus yg bekerja secara harmonis demi sebuah kemajuan pelayanan.

Ayat 10 Menyediakan alasan-alasan kenapa para pelayan harus rela menghadapi segala macam kesulitan sampai banyak orang mengenal keselamatan dan mengalami kemuliaan yang kekal.

Tindakan/perbuatan Pribadi

Ini merupakan bagian yang esensial bagi perkembangan pribadi sebagai para pelayan Injil!

Ayat 15 Menyediakan ringkasan:

> Kerajinan dalam belajar-bersungguh-sungguhlah dalam belajar saudara, pergunakanlah waktu.
> Persetujuan-ujilah dan periksalah sampai menjadi benar.
> Pekerja-seorang pekerja/yang bertindak menurut Yakobus 1:22
> Rasa malu-tidak menyebabkan malu atau mempermalukan.
> Menangani secara tepat - 'memotong secara tepat' membagi dengan tepat

Seseorang harus memperhatikan dengan sungguh-sungguh bagaimana ia menafsirkan Firman; karenanya hermenetik dan homeletik (penafsiran dan penjelasan) menjadi penting. Eksegesis yang benar sangat penting dalam menyampaikan pesan Kitab Suci. Waspadalah terhadap Eisegesis yang merupakan cara penafsiran Firman yang sangat personal yang tidak mempresentasikan pesan yang sesungguhnya yang sedang diteliti.

Memahami konteks dari pasal, ayat dan kata-kata yang dipelajari secara tepat merupakan keharusan bagi mahasiswa/gembala/pengkhotbah/pengajar. Hal tersebut bukan hanya berkaitan dengan konteks di dalam kitab tertentu melainkan juga seting budaya tertentu dan aspek sejarah dari sisi penulis maupun pembaca/pendengar.

Ayat 22 Kita harus memiliki pandangan yang benar tentang hidup ini; kebenaran, iman, kasih, kedamaian haruslah menjadi tujuan dari tindakan-tindakan kita.

PERTANYAAN: Bagaimana seseorang mengupayakan perkembangan ciri-ciri tersebut?

Ayat 24 Ayat ini memberi perhatian pada tindakan/perbuatan para pekerja; jika seseorang meneliti ciri-ciri tersebut maka akan didapati bahwa karakteristik yang bersifat emosi dan kejiwaan harus dijaga supaya terkendali. Ada kemungkinan pada bagian ini kita diperhadapkan pada kenyataan bahwa kemanusiaan kita harus diserahkan dalam pimpinan Roh supaya tidak egois dan tetap lemah lembut. Gembala harus memberi teladan bagi umat/sesama di komunitas dalam sikap-sikap dan tindakan-tindakan yang tidak reaksional.; tidak mencari-cari pertentangan namun sebaliknya mendemonstrasikan kesabaran dan kelemahlembutan. Perpaduan kualitas tersebut sangat diperlukan oleh gembala guna dapat mengajar. Melalui pengajaran alkitabiah yang solid gembala dapat memimpin gerejanya dan mengajar prinsip-prinsip yag sangat diperlukan bagi pertumbuhan Kristen yang sejati. Ajaran yang benar juga memimpin orang kepada keselamatan; dan ini haruslah menjadi tujuan tertinggi dari seluruh pelayanan yang melibatkan gereja lokal di dalamnya.

2 Timotius Pasal 3: Masa Kesukaran yang akan datang

Pasal ini adalah bacaan yang penting bagi abad ke-21 berkaitan dengan su-isu yang sangat menonjol akhir-akhir ini; tentang hari-hari terakhir!

Ayat 1 'Hari-hari terakhir' (Yunani: 'eschatos') dimulai dari kelahiran Kristus dan akan mencapai puncaknya saat kedatanganNya yang kedua. Perhatikan ciri-ciri manusia yang akan hidup di akhir zaman. Orang Kristen harus sangat waspada terhadap cara pandang dunia yang sangat popular dan cara berpikir generasi sekarang supaya dapat berinteraksi secara relevan dengan mereka/dunia di luar gereja.

Ayat 2-9 Akan muncul masalah-masalah sosial, politik dan keagamaan yang sangat besar di hari-hari terakhir.

Perhatikan situasi terkini di negara saudara dan pikirkan bagaimana Firman ini terkait dengan kehidupan masa kini.

PERTANYAAN:

Bagaimana saudara mengadakan pendekatan terhadap situasi-situasi budaya, politik dan sosial masa kini demi:

1. Memahami masyarakat secara utuh?
2. Mengingat masyarakat adalah arena dimana kita harus menyampaikan Injil?

Akan muncul kesesatan atau kejatuhan besar di akhir zaman.

Ayat 5 Orang akan memiliki bentuk kesalehan; tapi tanpa kuasa di dalamnya, hanya sekedar tampilan di luar.

Obat Penawar bagi Gereja dalam Masa-masa Sulit

Ayat 14 'Melanjutkan' berarti tetap tinggal/berdiam/menantikan. Kapan dan dalam hal apa kita harus tinggal tetap? Dalam segala hal 'yang kamu pelajari dariku'; yaitu kebenaran dan Injil; Kitab Suci. Dasar hidup seseorang haruslah Kitab Suci, tetapi baik juga jika orang belajar dari orang lain yang memiliki pengalaman hidup yang berharga.

Siapa yang saudara datangi untuk mendapatkan pertolongan, penguatan, nasehat atau mentoring secara rohani? Memiliki partner yang dapat dipercaya adalah hal yang sangat baik; yaitu seseorang yang bisa sadara ajak bicara tentang masalah-masalah, tantangan, kesulitan yang saudara hadapi, termasuk juga tentang visi saudara bagi pelayanan.

Ketika saudara masih berada di kampus, segala sesuatunya masih lebih mudah karena saudara memiliki dukungan dari para dosen dan Pembina saudara. Namun jika saudara sudah masuk ke dalam pelayanan, saudara seorang diri. Dalam keadaan demikian saudara perlu mendapatkan partner yang dapat diandalkan dan saudara percaya yang dapat menolong pelayanan saudara.

Mengapa?

Ayat 16-17- Oleh karena nilai-nilai dari Kitab Suci:

i.   Diinspirasikan-brsumber dari Allah 'dinafaskan oleh Allah'
ii.   Menguntungkan-menolong dan bermanfaat
iii. Ajaran-sumber pengetahuan
iv.   Teguran-alat yang meyakinkan argument
v.   Koreksi-saat kita/gereja mulai tersesat
vi.   Kebenaran-yang menjadikan kita serupa dengan Allah dan diterima oleh Allah.

Mengapa?

Karena semua orang harus diperlengkapi sampai menjadi 'Manusia Allah':

Ayat 17 i. Cukup (sempurna-lengkap dalam setiap bagian)

ii. Diperlengkapi (dengan segala sesuatu yang perlu bagi hidup dan pelayanan).

Firman Allah yang menginspirasi haruslah diterapkan secara tepat supaya melaluinya orang lain disiapkan bagi pekerjaan pelayanan (Ef 4:11-12).

2 Timotius Pasal 4: Tetaplah Berkhotbah!

Apakah tanggung jawab seorang gembala? Terus mengkhotbahkan dan mengajarkan kebenaran dan Injil yang sepenuhnya (Kis 20:17-32).

Ayat 1 Ingatlah siapa yang saudara layani-yaitu Allah. Dialah satu-satunya yang akan mempertimbangkan dan yang akan menghakimi hasil akhir pelayanan seseorang.

Ayat 2 Kita harus berkhotbah, karena berkhotbah merupakan cara yang ditetapkan Allah untuk memberitakan pesan Injil. Oleh karenanya sangat penting bagi kita untuk mengembangkan metode berkhotbah yang baik, sehingga di dalam pelayan kita:

 a. Memarahi-membuktikan seseorang bersalah
 b. Menegur-mengingatkan dengan tegas-menemukan kesalahan
 c. Menguatkan-dipanggil untuk menguatkan dan menghibur
 d. Menunjukkan kesabaran-penderitaan yang lama/ketabahan/kesabaran.
 e. Memberi pengajaran-doktrin/ajaran

Semua hal diatas merupakan aspek penting dalam pelayanan pastoral-pastikan untuk melibatkan semua aspek tersebut dalam khotbah saudara dan hindarilah menekankan hanya salah satu aspek saja. Sebagai orang Kristen (khususnya pelayan Injil) kita dipercayakan keseluruhan Firman.

Ayat 3-4 Beberapa orang meninggalkan ajaran yang benar dan mengikuti orang-orang yang membuat mereka merasa nyaman. Paulus berkata bahwa orang semacam itu memiliki 'telinga yang gatal' karena mereka sangat menyukai orang mengatakan kepada mereka apa yang mereka ingin dengar saja. Hal ini dapat menjadi pencobaan bagi para pengkhotbah-kita harus berhati-hati untuk tidak berfokus pada apa yang membuat orang 'merasa nyaman' tetapi sebaliknya pada kebenaran. Ingatlah bahwa gembala, pengkhotbah dan pengajar adalah wakil-wakli Allah, dan karenanya kita harus menyampaikan FirmanNya, bukan kata-kata kita sendiri. Jangan memakai mimbar untuk membagikan pandangan-pandangan saudara, tetapi pakailah sebagai kesempatan untuk menyampaikan kebenaran pesan Injil.

PERTANYAAN:

1. Isu-isu dari dalam gereja seperti apakah yang saudara hadapi berkaitan dengan perlawanan terhadap khotbah-khotbah Injil?

2. Bagaimana isu-isu tersebut sebaiknya dihadapi?

Keinginan dan Wasiat Terakhir Paulus

Kata-kata terakhir sang rasul:

Ayat 5 Tetap menasehati Timotius untuk terus bekerja, Paulus menunjukkan bahwa penginjilan adalah aspek esensial lainnya dalam pelayanan penggembalaan. Kesimbangan dalam pelayanan sangatlah penting, dan gembala gereja lokal harus memiliki hati bagi komunitasnya.

Ayat 6-8 dari ayat-ayat ini kita memahami bahwa Paulus memiliki harapan yang pasti akan keselamatan Allah; dapatkah kita, seperti Paulus menyatakan bahwa kita 'mempertahankan iman kita'?

Ayat 9-21 Ayat-ayat ini mengandung salam dan hal-hal pribadi

Paulus telah memberi pengaruh kepada banyak orang selama pelayanannya.

Perhatikan ayat 10 Demas telah tersesat/terhilang/terpeleset. Ada banyak debat tentang kondisi rohani Demas; pandangan yang umum antara lain: i) Dia bukanlah petobat sejati; saya ragu mungkinkah Paulus membiarkan seorang yang bukan Kristen untuk menyertai perjalanan misionarinya? ii) Dia telah kehilangan imannya; ini akan sulit membuktikan mereka yang percaya pada pandangan 'sekali diselamatkan orang akan selamanya selamat'. iii) Dia tidak mampu bertahan terhadap tekanan pelayanan dan mengikuti gaya hidup yang lebih mudah. Saya merasa ini penafsiran yang paling dekat/tepat dan membuktikan bahwa janganlah orang memasuki pelayanan Kristen sebelum ia yakin akan panggilan Allah bagi mereka. Pelayanan tidak dapat dilanjutkan dengan kekuatan pribadi melainkan hanya dengan kekuatan dan pengetahuan Tuhan.

Perhatikan ayat 11 Lukas adalah teman Paulus. Markus, yang pernah meninggalkan pelayanan telah kembali dan sekarang memberi keuntungan bagi Paulus (Kis 15:36-41). Jangan pernah menyerah terhadap siapapun karena selalu ada pengharapan di dalam kebangkitan.

Ayat 16-17 Paulus telah mengalami kekuatan Allah dalam menghadapi musuh-musuh yang melawan iman. Orang-orang akan selalu berusaha menjatuhkan kita, tetapi Allah akan selalu setia kepada para pelayanNya.

Ayat 22 Paulus mengakhiri suratnya dengan memberikan berkat

2 Timotius adalah surat pribadi yang sarat dengan kesedihan berkaitan dengan mati sahid sang rasul yang makin mendekat; namun demikian ia tidak pernah mempedulikan dirinya sendiri melainkan tetap berhasrat untuk melihat gereja berdiri dengan dasar yang kuat bagi generasi yang akan datang.

Titus: Harapan akan Injil

Ayat kunci: Titus 3:8

- **Pasal 1**
  - o Salam 1:1-4
  - o Penatua 1:5-9
  - o Tanggung jawab para pelayan 1:10-16
- **Pasal 2**
  - o Pengajaran dan Tindakan yang benar 2:1-10
  - o Anugerah yang menyelamatkan 2:11-15
- **Pasal 3**
  - o Keselamatan dan pengudusan 3:1-8
  - o Perselisihan dan perpecahan 3:9-11
  - o Salam 3:12-15

Pendahuluan

'Dengan menantikan penggenapan pengharapan kita yang penuh bahagia dan penyataan kemuliaan Allah yang Mahabesar dan juruselamat kita Yesus Kristus' (Titus 2:13)

- Paulus menulis kepada Titus dengan tujuan untuk membimbing orang muda ini menjalankan pelayanan penggembalaan yang dipercayakan kepadanya di Pulau Kreta. Secara kronologi Titus seharusnya mendahului 2 Timotius tetapi dalam kanon Alkitab Titus diterima sebagai surat penggembalaan yang terakhir.
- Tujuan utama Titus adalah untuk menata gereja dan menyediakan dasar kepemimpinan yang kuat bagi generasi yang akan datang (1:5).
- Paulus memberikan arahan-arahan dan dorongan kepada rekannya yang masih muda ini (1:4).

Tema-tema utama

1. Lawanlah pengajar-pengajar sesat
2. Mengelola masalah-masalah di gereja dengan cara-cara yang alkitabiah
3. Waspadailah tindakan/perbuatan pribadimu
4. Harapan akan kedatangan Kristus kembali

Titus memiliki 4 alasan utama berada di Pulau Kreta:

1. Untuk menunjuk para penatua (1:5)
2. Untuk membongkar pengajar-pengajar sesat, kemungkinan gnostik awal dan Yudaizer (1:10)
3. Untuk membangun gereja (2:1)
4. Untuk menghadapi pengajar-pengajar sesat di dalam gereja (3:9-11)

Teologi utama:

a. Pemilihan/keselamatan (1:1,3; 2:10-11)
b. Penebusan (2:14)
c. Eklesiologi (1:5,7)
d. Eskatologi (1:2; 2:13; 3:7)
- Rasul Paulus hampir sampai pada masa akhir hidupnya dan nampaknya harus memfokuskan pikirannya pada hal-hal yang kekal. Surat kepada Titus ini menyatakan kepada kita bahwa setiap orang Kristen harus menantikan hari dimana Yesus akan menyatakan diriNya sekali lagi kepada dunia! Sekalipun surat ini lebih pendek bila dibandingkan dengan 1 & 2 Timotius, surat ini penuh dengan ajaran-ajaran dan nasehat-nasehat yang sangat membantu gembala muda ini dalam menghadapi/menekan isu-isu yang muncul pada masa itu.

Titus Pasal 1

Ayat 1-2 Pendahuluan Paulus; 'hamba yang terikat' adalah seseorang yang tidak punya hak bahkan atas dirinya sendiri. Pelayanan ini memiliki 4 aspek:

a. Iman
b. Pengetahuan
c. Kesalehan
d. Harapan

Gembala/pemimpin melayani demi kepentingan orang lain; sangat penting untuk mengingatkan diri kita sendiri akan tujuan dan alasan mengapa kita melayani.

Ayat 3 Pesan Injil telah 'dipercayakan' kepada mereka yang mengkhotbahkannya, oleh karenanya sangat penting bagi kita untuk menjaganya layaknya komoditi yang berharga dan jangan melecehkan tanggung-jawab perorangan.

Ayat 4 'anak' Titus adalah anak rohani rasul Paulus, sama seperti Timotius (1 Tim 1:2; 2 Tim 1:2). Paulus memiliki perhatian yang besar akan keadaan anak rohaninya; Allah menempatkan tanggung jawab yang besar kepada mereka yang merawat orang lain dalam iman.

'Anugerah dan damai sejahtera'. Dua atribut Allah ini adalah sesuatu yag melaluinya seseorang mendapatkan keuntungan yang begitu besar; dan kita hanya menerimanya dari sumber yang benar yaitu Allah sendiri.

Ayat 5 Titus ditugasi untuk menunjuk para penatua di Kreta, pulau kecil di Mediteranian. Ada kesulitan untuk menemukan Paulus di Kreta karena tujuan pelayanan. Satu-satunya referensi terdapat dalam Kisah Para Rasul 27 dimana dikatakan disitu Paulus berbalik rute ke Roma sebagai tawanan; kereta yang membawanya beserta dengan tawanan yang lain singgah di Kreta. Tidak ada catatan Paulus menanam gereja pada saat itu namun kemungkinan ia meninggalkan Titus disitu untuk memulai pelayanan. Kemungkinan lainnya adalah bahwa Paulus dibebaskan pada penahananya yang pertama di Roma.Ketika ia melakukan perjalanan ke Spanyol ia kembali ke Yerusalem dan singgah di Kreta sebelum ia kembali ditahan dan dieksekusi. Catatan Kisah Para Rasul menyebutkan beberapa kesulitan mengenai waktu penulisan surat pastoral; namun dari ayat ini masih benar bila mengansumsikan bahwa di suatu waktu di masa pelayanan Paulus ia mengunjungi pulau Kreta dan mendirikan sebuah gereja atau setidaknya sebuah gereja yang memenuhi syarat-syarat organisasi. Demi memberikan dasar yang kuat maka diperlukan kepemimpinan alkitabiah yang benar pula. Itu merupakan tugas yang penting dan sulit bagi gembala mengingat memang ada kebutuhan untuk memastikan gereja tertata di atas dasar yang alkitabiah. Itulah mengapa surat-surat ini memerintahkan untuk mengajarkan doktrin dan ajaran yang benar-karena hal tersebut sangat esensial bagi pertumbuhan gereja yang sehat. Seringkali para gembala akan diperhadapkan pada gereja yang tak terorganisir dan disfungsi, dan bagaimana mereka manata pengorganisasian dan restrukturisasi gereja tersebut akan mempengaruhi keberadaan gereja bagi lingkungannya.

PERTANYAAN: Bagaimana saudara akan mengawali restrukturisasi sebuah gereja lokal yang sangat bergumul dengan pelayanan, kepemimpinan dan penjangkauan keluar?

Tata gerejawi menjadi tanggung jawab gembala, yang peranannya adalah 'menyortir gereja'. Dan untuk melaksanakan tugas ini maka gembala harus memiliki hubungan rohani yang benar dengan Allah dan menjadi teladan yang baik bagi jemaat. Ketika gembala bertumbuh secara rohani, jemaat juga akan bertumbuh, dan gereja akan berkembang. Pokok pembicaraan di sini berpusat pada proses memilih dan meneguhkan para penatua; Di sini Paulus memerintahkan Titus untuk 'menunjuk' dan mentahbiskan penatua; tidak ada bukti adanya pemilihan/voting dalam menentukan para pemimpin. Saya menerima ini sebagai tugas gembala dan penatua untuk menyeleksi calon yang memenuhi syarat oleh karena gembala dan penatua telah menerima kepercayaan sebagai pemimpin rohani dari gereja. Namun sayangnya seringkali terjadi anggota gereja yang memilih orang-orang tertentu dan itu sebenarnya berseberangan dengan pemahaman mengenai natur rohani dari peran gembala yang sebenarnya. Lebih lanjut hal tersebut menyebabkan ditempatkannya orang yang salah di posisi yang salah yang dikemudian hari menimbulkan banyak kesulitan di dalam kepemimpinan gereja.

Ayat 6 Demi kebaikan Titus, Paulus mendaftarkan kualifikasi-kualifikasi yang melaluinya Titus menunjuk penatua dan mereka harus memenuhi kualifikasi tersebut sebagaimana juga disebutkan di dalam 1 Timotius. Para penatua tersebut harus:

i.   Setia kepada istrinya
ii.   Memiliki keluarga yang baik
iii. Menunjukkan pengendalian diri
iv.   Tidak menjadi pemabuk karena alkohol menumpulkan perasaan
v.   Ramah dan memberi tumpangan
vi.   Cakap mengajar
vii. Tidak serakah terhadap uang

Ada beberapa isu serius yang harus diuji berdasarkan hal yang sama seperti yang telah didaftarkan dalam 1 Timotius 3:1-8. Syarat-syarat ini perlu untuk menjaga/memelihara kepemimpinan rohani yang kuat di dalam gereja. Ketika saudara merenungkan kepemimpinan gereja, bagaimana saudara akan mengukur standar tersebut? Semua atribut diatas merupakan dampak dari berjalan dekat dengan Allah. Para pemimpin harus memberi teldan dalam kehidupan rohani, komitmen, kerajinan dan kerinduan. Pemimpin manapun yang tidak memberi contoh harus diambil jabatannya.

Ayat 10 Paulus memperingatkan Titus untuk melawan guru-guru palsu: yang merupakan tema utama surat-surat penggembalaan. Ada beberapa dari antara mereka yang berusaha berkhotbah demi keuntungan pribadi dan ambisi pribadi yag menjadi motivasi mereka.

'sunat' – Mereka adalah kelompok orang Yahudi (Yudaizer) yang berusaha keras memaksakan hukum-hukum Perjanjian Lama kepada komunitas Kristen;

khususnya ritual sunat dianggap sebagai jalan pada keselamatan. Sinkretisme adalah masalah utama pada abad ke-21 ini, ketika orang mempomosikan Injil yang berbeda yang berisi berbagai macam ritual keagamaan, filsafat dan pemikiran manusiawi bersama-sama pesan-pesan 'alkitab'. Seringkali dalam area pengajaran sesat, perbedaan-perbedaannya hampir tidak kentara dan tersembunyi dengan baik. Paulus kemudian memberi penekanan sekali lagi perlunya pengajaran alkitabiah yang solid untuk mengenali ajaran yang sesat dan untuk berperang melawan kehadirannya di dalam komunitas orang percaya.

PERTANYAAN:

Apakah sinkretisme juga menjadi masalah dalam konteks saudara?

Jika ya, apakah yang menjadi masalah-masalah utamanya dan bagaimana saudara akan menghadapi hal tersebut di gereja hingga Injil yang benar dan murni dapat dikhotbahkan?

Ayat 12 Salah satu kepunyaan mereka adalah Puisi Epimenides orang Kreta (600 SM) terlhat di sini bahwa orang Kreta bukanlah orang yang mudah untuk digembalakan, dipimpin atau diorganisir. Titus memikul tugas yang berat. Kepemimpinan bukanlah hal yang mudah! Seringkali pemimpin menjadi orang yang kesepian karena mereka menanggung kritik, pertanyaan-pertanyaan, dan keraguan-keraguan dari orang lain sama besarnya dengan keraguan dan ketakutan yang ia alami dari dalam dirinya sendiri. Jika saudara bermaksud menjadi pemimpin maka pastikan saudara menyadari tugas saudara akan sangat berat. Dalam Perjanjian Lama, Musa memberikan contoh yang baik sekali mengenai pemimpin yang tengah menghadapi masalah yang sangat menantangnyya; sebagian besar dari masalah tersebut disebabkan oleh orang yang dipimpinnya dan kadang-kadang dari keluarganya sendiri (Kel 14:10-12; 16:2; 17:2; 32).

Dalam Keluaran 18, Musa mengerti pentingnya mendapatkan nasehat dari ayah mertuanya, sebagaimana Titus membutuhkan nasehat yang baik dari Paulus.

Ayat 15 Ada syarat-syarat bagi pelayan Tuhan supaya berfungsi sebagai alat yang tulus dan kudus.

Ayat 16 Pengajar sesat sering menyatakan diri dalam bentuk tindakan-tindakan dan perbuatan-perbuatan pribadi yang bertolakbelakang dengan standar alkitab. Mengamati tingkah laku para pengajar tersebut dan calon pemimpin sangatlah penting; seseorang sebaiknya tidak terburu-buru untuk menunjuk seseorang menerima tugas sebelum mereka membuktikan pengetahuan alkitab mereka dan karakter Kristen mereka yang sejati. Seringkali orang menunjukkan karakter yang berbeda di luar lingkungan gereja, dari hal tersebut kita bisa menilai kualitas dan kekurangan mereka dengan lebih efektif. Akan menjadi pelatihan yang baik apabila kita mengambil waktu untuk mengevaluasi pesan, maksud, dan motif seseorang sebelum menerima mereka menjadi pengajar. Salah satu tema yang mendapat penekanan Paulus dalam surat Pastoral ini adalah kejelian dalam menyeleksi para pemimpin dan menerima para pengajar tanpa memberi mereka pertimbangan khusus.

Titus Pasal 2: Tugas Orang Kristen

Penulis tengah berusaha untuk mementori rekan gembalanya yang masih muda dan ia ingin memberikan nasehat-nasehat dan menolongnya melalui isi suratnya yang pendek. Sangat penting bahwa sebagai pemimpin atau calon pemimpin, saudara mencari nasehat dari orang-orang saleh yang memiliki banyak pengalaman. Ingatlah bahwa saudara tidak tahu segala sesuatu jadi saudara harus terus belajar sepanjang hidup saudara.

Tema utama dari surat ini adalah perintah supaya Titus mengajarkan doktrin yang benar secara khusus untuk melawan guru-guru palsu.

> **PERTANYAAN:**
>
> Apakah doktrin yang benar itu?
>
> Berikanlah penekanan terhadap bidang pengajaran Kristen yang penting bagi dasar yang diperlukan oleh gereja.

Ayat 2 Berikut adalah perintah bagi kehidupan Kristen yang relevan di sepanjang masa:

a. Hidup yang bijaksana; bermartabat
b. Hidup yang kudus; tanpa gosip-mulut adalah sumber masalah
c. Mengasihi hidup-kasih adalah kunci meraih kehidupan Kristen yang baik
d. Jadilah teladan dalam hidupmu-meskipun engkau masih muda
e. Memiliki ketundukan diri-kepada yang berotoritas tapi khususnya kepada Kristus

Ayat 12 Injil memerintahkan supaya kita:

i) Bertingkahlaku yang saleh-melakukan apa yang benar
ii) Mengingini hal-hal rohani dan bukan duniawi atau kedagingan
iii) Mencari keadilan atau yang diperkenan oleh Allah; kita terlalu sering berusaha menyenangkan manusia daripada menyenangkan Allah.

Pertanyaan: Mengapa perbuatan/tindakan pribadi begitu penting?

Titus menyiapkan jawabannya:

Ayat 5 Supaya Firman Tuhan jangan dipermalukan

Ayat 8 Supaya musuh kita tidak mempunyai alasan untuk melawan/menjatuhkan kita

Ayat 10 Merupakan kesaksian atas anugerah Allah

Ayat 15 Itu sangat berarti bagi pembangunan dan pengembangan gereja

---

PERTANYAAN:

Apakah saudara menyadari kalau orang lain memperhatikan saudara?

Apakah pelayanan saudara relevan bagi segala usia?

Titus Pasal 3: Kehidupan yang Saleh

Ayat 1 'Ingatkanlah mereka' Para pemimpin/penatua dan semua orang Kristen, sama seperti orang Kreta, semua diminta untuk terus-menerus mengingat pentingnya hidup dengan saleh. Kita semua perlu terus diingatkan panggilan dan tugas kita sebagai orang percaya. *Apakah tujuan hidup kita menjadi siap sedia melakukan pekerjaan baik demi pengembangan Kerajaan Allah?*

Ayat 2 Berhati-hatilah dengan cara saudara berbicara kepada orang lain; jagan pernah merendahkan mereka, sebaliknya berikanlah perhatian yang layak mereka terima.

Mengapa? Paulus selalu memberikan alasan dibalik pemikirannya. Pegajar yang baik, gembala/pemimpin harus selalu menjelaskan diri mereka dengan sebaik-baiknya dan menerapkan apa yang mereka ajarkan. Penerapan dari pesan yang disampaikan adalah bagian penting jika menginginkan komunitas Kristen bertumbuh. Saat kita berbicara kepada orang lain, khususnya kepada mereka yang belum selamat, ingatlah bahwa saudara pernah berada pada situasi yang sama dan membutuhkan seseorang yang memahami prinsip-prinsip iman untuk menolong saudara.

Ayat 4 'Kebaikan Allah' berupa kebajikan, watak yang manis yang tidak mendendam atau tidak tahu berterimakasih.

'dibawa'-ini merupakan referensi bagi kelahiran kembali atau keselamatan kita-kita telah lahir kembali, ciptaan baru di dalam Kristus, namun kelahiran baru adalah pintu bagi pemuridan Kristen yang kudus (Mat 28:19 'pergi dan jadikanlah semua bangsa murid').

PERTANYAAN:

Apakah perbedaan antara mencari petobat baru dan memuridkan?

Apakah yang harus dilakukan oleh gembala lokal demi pemuridan yang benar?

Ayat 7 Tema utama lainnya dari surat Titus adalah eskatologi. Khususnya harapan akan kedatangan Yesus yang kedua kali. Sangat penting untuk menyadari 'tanda-tanda' di sekitar kita yang berkaitan dengan akhir zaman. Apakah Paulus sedang merasa keberadaannya di bumi hampir berakhir dan karenanya ia lebih menghargai hidup dan kekekalan yang akan datang? Seringkali sebagai orang muda kita kurang memikirkan kekekalan padahal itu merupakan elemen penting dalam Injil Perjanjian Baru: mempersiapkan orang kepada kekekalan. Ada beberapa alasan bagi penekanan eskatologi: i) Paulus sedang menantikan saat pembebasannya dan menerima hadiah kekal. ii) Paulus sedang mempersiapkan Titus memahami pentingnya area-area teologi ini dalam pelayanan penggembalaan. iii) Sebagai pengingat bagi komunitas Kristen menedsaknya kebutuhan akan penginjilan. iv) Tantangan untuk mengoreksi kehidupan demi mempersiapkan gereja yang akan diangkat sebagai pengantin Kristus

Yat 9-11 Menghindari manusia atau guru/guru palsu. Sekali lagi, Paulus nampaknya mengingat Yudaizer dalam benaknya:

a. Asal-usul sangat penting bagi orang Yahudi
b. Hukum adalah hal yang esensial bagi orang Yahudi

Ayat 12-15 Paulus mengirimkan seorang pembantu bagi Titus-dalam melaksanakan mandat Injil, saudara akan selalu membutuhkan pertolongan dari orang lain yang rela hati; jangan menjadikan pelayanan sebagai masalah eksklusif tetapi sadarilah kehadiran tubuh Kristus dan kemampuannya untuk melengkapi pelayanan saudara (1 Kor 12).

Penting sekali untuk mengenal kelemahan saudara dan dengan sukacita menerima pertolongan dari luar yang menyempurnakan pelayanan saudara dan menguatkan gereja. Apakah saudara juga rela menolong orang lain dan tidak sekedar menuntut untuk selalu diperhatikan?

Ayat 15 Kasih karunia menyertaimu, yang artinya kiranya anugerah Allah akan selalu memberkatimu.

Surat-surat Pastoral merupakan bacaan yang penting bagi semua orang Kristen khususnya bagi mereka yang terlibat dalam kepemimpinan gereja. Ketiga surat yang bersifat pribadi ini bukanlah buku pegangan/manual bagi gereja; sekalipun demikian surat-surat tersebut memberikan tuntunan bagi gembala bagaimana melakukan pendekatan terhadap beberapa isu utama yang mungkin dihadapi dalam pelayanan mereka memimpin umat Allah.

PROYEK: Buatlah garis besar pelatihan pemuridan yang dapat digunakan di gereja lokal

Hal-hal yang perlu diperhatikan:

# 1	Apakah pemuridan itu?
# 2	Perlunya pemuridan
# 3	Elemen dalam pemuridan yang benar?
# 4	Tuliskan garis besar yang singkat mengenai bidang-bidang yang akan kamu pakai dan ajarkan dalam gereja.

www.ingramcontent.com/pod-product-compliance
Lightning Source LLC
LaVergne TN
LVHW051710080426
835511LV00017B/2833